Sukaldaritza motela, 2023rako

Iraganean bezala elikadura osasuntsurako errezeta zoragarriak

Poza Barcardaztegui

Ikuspegi orokorra

Crockpot Oilasko Pikantea Chipotle Marmelada Saltsarekin 24

OSAGAIAK 24

PRESTAKETA 24

Suitzako oilasko kazola errezeta, crock pot 26

OSAGAIAK 26

PRESTAKETA 26

Tamiko oilaskoa mostaza eta eztiarekin 27

OSAGAIAK 27

PRESTAKETA 27

Oilaskoa limoiarekin eta Tami piperrarekin, sukalde motela 28

OSAGAIAK 28

PRESTAKETA 28

Tawny's Crock-en "Pop" oilaskoa 29

OSAGAIAK 29

PRESTAKETA 29

Pipermin zuria oilaskoarekin 30

OSAGAIAK 30

PRESTAKETA 31

Will's Chicken Chili sukalde motelerako 32

OSAGAIAK 32

• aukerako osagarriak 32

PRESTAKETA 33

Indioilar pipermina zatitan 34

OSAGAIAK 34

PRESTAKETA 35

Indioilar xerra sagar eta cranberryrekin 36

OSAGAIAK 36

PRESTAKETA 36

Indioilar xerra cranberry laranja saltsarekin 38

OSAGAIAK 38

PRESTAKETA 39

Cranberry indioilarra crockpot batean 40

OSAGAIAK 40

PRESTAKETA 40

Crockpot Indioilarra krema garratzarekin 41

OSAGAIAK 41

PRESTAKETA 42

Turkiako ogitartekoak 43

OSAGAIAK 43

PRESTAKETA 43

Crockpot Indioilarra Baratxuriarekin 44

OSAGAIAK 44

PRESTAKETA 44

Indioilar lurreko pasta saltsa 45

OSAGAIAK 45

PRESTAKETA 46

Beheko indioilarra joe desegokia 47

OSAGAIAK 47

PRESTAKETA 48

Sukaldaritza motela erraza da 49

OSAGAIAK 49

PRESTAKETA 50

Uharteko indioilar hankak plantxan 51

OSAGAIAK 51

PRESTAKETA 52

Indioilar bularkia belar eta limoiarekin 53

OSAGAIAK 53

PRESTAKETA 53

Sukalde motela indioilarra eta arroz basatia 54

OSAGAIAK 54

PRESTAKETA 55

Sukalde motela indioilarra eta barazkiak 56

OSAGAIAK 56

PRESTAKETA 57

Indioilar xerra laranja saltsarekin eta cranberriekin 58

OSAGAIAK 58

PRESTAKETA 58

Indioilarra Patata Gozoekin 59

OSAGAIAK 59

PRESTAKETA 59

Crock Pot Indioilarra eta Arroza 61

OSAGAIAK 61

PRESTAKETA 61

Sukalde moteleko erraza indioilar bularra 62

OSAGAIAK 62

PRESTAKETA 62

Tamale Tarta Indioilar Lurrarekin 63

OSAGAIAK 63

PRESTAKETA 63

Indioilar barbakoa 64

OSAGAIAK 64

PRESTAKETA 64

Crockpot Turkia eta Quesadillas 65

OSAGAIAK 65

PRESTAKETA 66

Indioilar xerra marmeladarekin 67

OSAGAIAK 67

PRESTAKETA 67

Sukalde moteleko kazola indioilarrekin eta brokoliarekin 68

OSAGAIAK 68

PRESTAKETA 69

Sukalde motela indioilar tarta 70

OSAGAIAK 70

PRESTAKETA 71

Indioilarra saltsarekin 72

OSAGAIAK 72

PRESTAKETA 72

Turkia Madeira 73

OSAGAIAK 73

PRESTAKETA 73

Ganadutegiko indioilar hankak 74

OSAGAIAK 74

PRESTAKETA 75

Crockpot indioilarra eta arroz kazola 76

OSAGAIAK 76

PRESTAKETA 76

Indioilar gisatua perretxiko eta krema garratzekin 77

OSAGAIAK 77

PRESTAKETA 78

Erraza Crockpot Turkey Tetrazzini 79

OSAGAIAK 79

PRESTAKETA 80

Vickie's fideo saltsa indioilar saltxitxarekin 81

OSAGAIAK 81

PRESTAKETA 82

Indioilar bularkia ardotan erregosa 83

OSAGAIAK 83

PRESTAKETA 84

Apple Betty 85

OSAGAIAK 85

PRESTAKETA 85

Sagar gurina 86

OSAGAIAK 86

PRESTAKETA	86
xApple-Coconut Crisp	87
OSAGAIAK	87
PRESTAKETA	88
Sagar eta cranberries kurruskariak	89
OSAGAIAK	89
PRESTAKETA	89
Sagar Eta Ahabi Konpota	90
OSAGAIAK	90
PRESTAKETA	90
Sagar eta dattil-esnea	91
OSAGAIAK	91
PRESTAKETA	92
Sagar eta intxaur gazta tarta	93
OSAGAIAK	93
• betetzea:	93
• Junta:	93
PRESTAKETA	94
Kafea Sagar tarta	95
OSAGAIAK	95
PRESTAKETA	95

Sagar Pudina Tarta 97

OSAGAIAK 97

PRESTAKETA 98

Abricot Intxaur Ogia 99

OSAGAIAK 99

PRESTAKETA 100

Sagar egosia 101

OSAGAIAK 101

PRESTAKETA 101

Sagarra labean II 102

OSAGAIAK 102

PRESTAKETA 102

Natilla labean 103

OSAGAIAK 103

PRESTAKETA 103

Bananabread 104

OSAGAIAK 104

PRESTAKETA 105

Banana eta fruitu lehorrak ogia 106

OSAGAIAK 106

PRESTAKETA 106

Banana konfitatuak 107

OSAGAIAK 107

PRESTAKETA 107

Caramel sagarrak 108

OSAGAIAK 108

PRESTAKETA 108

Caramel Rum Fonduea 110

OSAGAIAK 110

PRESTAKETA 110

Gerezi kurruskaria 111

OSAGAIAK 111

PRESTAKETA 111

Woods Txokolatea 112

OSAGAIAK 112

PRESTAKETA 112

Crock Caramel Intxaur Erroiluak 113

OSAGAIAK 113

PRESTAKETA 113

Crockpot Sagar Gurina 115

OSAGAIAK 115

PRESTAKETA 115

Apple Butter Crockpot II 116

OSAGAIAK 116

PRESTAKETA 116

Sagar crockpot postre kurruskaria 117

OSAGAIAK 117

Betetzeko aholkuak: 117

PRESTAKETA 118

Crockpot ogi esnea 119

OSAGAIAK 119

PRESTAKETA 120

Crockpot II ogi-esnea 121

OSAGAIAK 121

PRESTAKETA 122

Crockpot gozokiak 123

OSAGAIAK 123

PRESTAKETA 123

Cranberries lurrezko lapikoan 124

OSAGAIAK 124

PRESTAKETA 124

Crockpot Laranja Kanela Ogi Esnea 125

OSAGAIAK 125

PRESTAKETA 125

Melokotoi-gurina ontzi batean 127

OSAGAIAK 127

PRESTAKETA 127

Crock pot pound pot tarta 128

OSAGAIAK 128

PRESTAKETA 129

Crockpot Kalabaza Ogia 130

OSAGAIAK 130

PRESTAKETA 131

Arroz-esnea ontzi batean 132

OSAGAIAK 132

PRESTAKETA 133

Arroz-esnea ontzi batean frutarekin 134

OSAGAIAK 134

PRESTAKETA 134

Sagarrak labean labean 136

OSAGAIAK 136

PRESTAKETA 136

Curry Fruta Tarta 137

OSAGAIAK 137

PRESTAKETA 137

Gerezi tarta erraza 138

OSAGAIAK 138

PRESTAKETA 138

Txokolate-sorta errazak 139

OSAGAIAK 139

PRESTAKETA 139

Erraza motela egosten sagar-saltsa 140

OSAGAIAK 140

PRESTAKETA 140

Nat gogokoena 141

OSAGAIAK 141

PRESTAKETA 142

Banana ogia loreontzian 143

OSAGAIAK 143

PRESTAKETA 144

Sagar tarta freskoa 145

OSAGAIAK 145

• Streusel 145

PRESTAKETA 146

jengibrea 147

OSAGAIAK 147

PRESTAKETA 147

Etxeko ogi esnea 148

OSAGAIAK 148

PRESTAKETA 149

Sagar karamelizatu beroak 150

OSAGAIAK 150

PRESTAKETA 150

Fruta Konpota Epela 151

OSAGAIAK 151

PRESTAKETA 151

Fruta-postre epela 152

OSAGAIAK 152

PRESTAKETA 152

Fruta pikante pikantea 153

OSAGAIAK 153

PRESTAKETA 153

Indian budina 154

OSAGAIAK 154

PRESTAKETA 155

Buruz behera tarta limoi eta mitxoleta haziekin 156

OSAGAIAK 156

PRESTAKETA 157

Limoi gazta gozoa 158

OSAGAIAK 158

betetzea: 158

PRESTAKETA 159

Labean sagarrak kakahuete laranjarekin 160

OSAGAIAK 160

PRESTAKETA 161

Maggieren labean sagarrak 162

OSAGAIAK 162

PRESTAKETA 162

Menta-gurin ostia 163

OSAGAIAK 163

PRESTAKETA 163

Kakahuete-gurina eta txokolate gazta tarta 164

OSAGAIAK 164

• betetzea: 164

PRESTAKETA 164

Gazta tarta txokolateak 166

OSAGAIAK 166

betetzea: 166

PRESTAKETA 166

esnea tarta 168

OSAGAIAK 168

PRESTAKETA 169

Pumpkin New York 170

OSAGAIAK 170

PRESTAKETA 171

Kalabaza-ogia 172

OSAGAIAK 172

PRESTAKETA 173

Al Rabar 174

OSAGAIAK 174

PRESTAKETA 174

Intxaur Azala Brownie aberatsa 175

OSAGAIAK 175

PRESTAKETA 175

Gazta tarta Ricotta Amaretto 176

OSAGAIAK 176

• betetzea: 176

PRESTAKETA 176

Erraza motela egosten sagar postrea 178

OSAGAIAK 178

PRESTAKETA 179

Sukalde motela gosaltzeko zapatila 180

OSAGAIAK 180

PRESTAKETA 180

Fruta konpota kanela labean 181

OSAGAIAK 181

PRESTAKETA 181

Sukalde motela laranja kanela ogi esnea 182

OSAGAIAK 182

PRESTAKETA 182

Sukalde moteleko arroz-esnea baia nahastuta 184

OSAGAIAK 184

PRESTAKETA 185

Koilarakada mertxikak 186

OSAGAIAK 186

PRESTAKETA 186

Kalabaza-esnea lurrunetan eta datilak 187

OSAGAIAK 187

PRESTAKETA 188

Fruta Egosita 189

OSAGAIAK 189

PRESTAKETA 189

Marrubi-rubarbo zapatila 190

OSAGAIAK 190

PRESTAKETA 190

Streusel kilo tarta 192

OSAGAIAK 192

PRESTAKETA 192

Txokolate esnea hirukoitza 193

OSAGAIAK 193

PRESTAKETA 193

Fruta pikante beroa 194

OSAGAIAK 194

PRESTAKETA 194

kalabazin Ogia 195

OSAGAIAK 195

PRESTAKETA 196

Babarrunak Hegaluzearekin 197

OSAGAIAK 197

PRESTAKETA 197

Cheese 'n Pasta Delight (hegaluzea edo oilaskoa) 198

OSAGAIAK 198

PRESTAKETA 198

Oilaskoa Eta Txistorra Gumbo Ganbekin 200

OSAGAIAK 200

PRESTAKETA 200

Oilaskoa eta Ganbak 202

OSAGAIAK 202

PRESTAKETA 202

Zitrikoak - Crockpot 204

OSAGAIAK 204

PRESTAKETA 204

Crockpot Txirlak Chowder 205

OSAGAIAK 205

PRESTAKETA 205

Crockpot Jambalaya 207

OSAGAIAK 207

PRESTAKETA 207

Crockpot II txerri txuletak 209

OSAGAIAK 209

PRESTAKETA 209

Crockpot Txerri txuletak - Joan's 210

OSAGAIAK 210

PRESTAKETA 210

Crockpot Txerri Txuleta Eta Patatak 212

OSAGAIAK 212

PRESTAKETA 212

Crockpot Txerri txuletak 213

OSAGAIAK 213

PRESTAKETA 213

aldaerak 214

Crockpot Pasta eta Espinaka Kazola 215

OSAGAIAK 215

PRESTAKETA 216

Crockpot txerri gisatua 217

OSAGAIAK 217

PRESTAKETA 218

Crockpot txerri birrindua 219

OSAGAIAK 219

PRESTAKETA 219

Crockpot Oilasko Pikantea Chipotle Marmelada Saltsarekin

OSAGAIAK

- 1 chipotle piper adobo saltsan, fin-fin txikituta, koilaratxo 1 saltsarekin
- 1/3 Kopako laranja marmelada gozoa
- koilaratxo 1 chili hauts
- 1/4 koilaratxo baratxuri hautsa
- koilarakada 1 ozpin baltsamikoa
- koilarakada 1 ezti
- 1/2 kopa oilasko salda
- koilarakada 1 landare-olio
- Piper beltza eho berria
- Gatz pixka bat
- Hezurrik gabeko 4 oilasko bularki azala
- koilarakada 1 arto-almidoia
- 2 koilarakada ur hotz

PRESTAKETA

1. Konbinatu chipotle adobo saltsarekin, marmelada, chili hautsarekin, baratxuri hautsarekin, ozpina, eztia, oilasko salda eta olioarekin.
2. Oilasko bularkiak gatza eta piperbeltza bota. Antolatu itzazu sukalde motelean; bota marmelada nahasketa gainean.
3. Estali eta egosi BAXU 5-7 orduz, edo oilaskoa egosi arte.
4. Jarri oilaskoa plater batean; estali eta berotu.

5. Bota likidoak kazola batera eta irakiten jarri su bizian.
6. Murriztu beroa ertainean eta egosi su pixka bat murriztu arte, 5 minutu inguru.
7. Konbinatu arto-almidoia ur hotzarekin leuna izan arte; irabiatu saltsa eta egosi, irabiatuz, minutu 1 inguru gehiago edo loditu arte.
8. Zerbitzatu oilaskoa saltsa lodituarekin.
9. 4 balio du.
10. Errezeta bikoiztu eta egosi daiteke denbora tarte berean.

Suitzako oilasko kazola errezeta, crock pot

OSAGAIAK

- Hezurrik gabeko 6 oilasko bularki azala
- Suitzako 6 gazta xerra
- 1 lata kondentsatu (10 3/4 ontza) onddo krema, diluitu gabe
- 2 edalontzi belar zaporeko betegarri nahasketa
- 1/2 Kopako gurina edo margarina, urtua

PRESTAKETA

1. Koipeztatu sukalde moteleko txertaketaren alboak eta behealdea edo spray itsaskorra ez den egoskinarekin.
2. Jarri oilasko bularkiak zartaginaren behealdean. Suitzako gazta hautseztatu eta gazta gainean perretxiko krema bota.
3. Betegarri apurrak zopa geruzaren gainean bota eta urtutako gurina gainean bota.
4. Egosi BAXU 5-7 orduz edo ALTUAN 3-3 1/2 orduz.

Tamiko oilaskoa mostaza eta eztiarekin

OSAGAIAK

- Hezurrik gabeko 4 eta 6 oilasko bularra (edo erabili beste oilasko zati batzuk)

- 3/4 kopa Dijon mostaza edo erabili zure gogoko mostaza gourmet

-

1/4 kopa ezti

PRESTAKETA

1. Jarri oilaskoa zartaginean. Nahastu mostaza eta eztia eta bota oilaskoaren gainean. Egosi goian 3 orduz edo baxuan 6-8 orduz. Ezarri hezurrez sartutako oilaskoaren ordua.

Oilaskoa limoiarekin eta Tami piperrarekin, sukalde motela

OSAGAIAK

- Hezurrik gabeko 4 eta 6 oilasko bularra edo beste oilasko zati batzuk
- limoi piper apainketa
- 2 koilarakada urtutako gurin edo margarina

PRESTAKETA

1. Jarri oilaskoa sukalde motelean. Eskuzabal hautseztatu limoi-piperrarekin. Oilaskoa gurinarekin edo margarinarekin ondu. Egosi 6-8 orduz, edo oilaskoa egosi arte.

Tawny's Crock-en \"Pop\" oilaskoa

OSAGAIAK

- Oilasko zatiak, bularrak, etab. 1 1/2 eta 2 1/2 lbs.
- 1 botila txiki ketchup (1 kopa)
- 1 tipula ertaina, txikituta
- Koka-kola lata 1 zure marka gogokoena edo Dr. Pepper®

PRESTAKETA

1. Konbinatu osagai guztiak sukalde motelean; estali eta su baxuan egosi 6-8 orduz.
2. Zerbitzatu arroz, fideo edo patatekin.
3. 4tik 6ra balio du.

Pipermin zuria oilaskoarekin
OSAGAIAK

- 1 lata olio frijitzeko

- 1 koilarakada oliba olio

- 1 libra hezurrik gabeko oilasko bularra; azala kendu, 1/2 hazbeteko zatitan moztu

- 1/4 kopa tipula txikitua

- 3 baratxuri ale, fin-fin txikituta

- Tomatillo lata bat (16 ontza inguru), xukatu eta txikituta

- 1 lata Ro-tel tomateak, tomate txikituak piper berdeekin

- 1 oilasko salda (1 1/2 kopa)

- 1 lata (4 ontza) pipermin berde txikituta, xukatu gabe

- 1/2 koilaratxo oregano lehorra

- 1/2 koilarakada martorri hazia, fin-fin txikituta

- 1/4 koilaratxo ehoko kuminoa

- 2 lata iparraldeko babarrunak, xukatuak

- 3 koilarakada limoi zuku

- 1/4 koilaratxo piper beltza

- 1/2 Kopako Cheddar gazta birrindua

PRESTAKETA

1. Sartu zartagin handi bat sukaldeko sprayarekin, gehitu oliba olioa eta berotu su ertainean bero arte. Gehitu oilasko xehatua eta egosi 3 minutuz edo egosi arte. Kendu oilaskoa zartaginetik. Jarri osagai guztiak gazta izan ezik lapiko batean eta egosi 8 orduz. Zati bakoitza gazta birrindu batekin hautseztatu. Zerbitzatu oilasko piper zuria tortilla patata frijituekin, salsa, krema garratza eta nahi dituzun gainekin. 6 balio du.

Will's Chicken Chili sukalde motelerako

OSAGAIAK

- 1/2 kilo edo oilasko-bularra samurrak
- 2 lata (14,5 ontzako bakoitza) oilasko salda
- 2 lata (8 ontza bakoitza) tomate saltsa lata
- Tipula 1, txikituta
- 1 kopa arto izoztua
- 1 azenario, xerratan
- 1 apio zurtoin, zatituta
- 1 lata (14,5 gramo) tomate zatitua
- 1 15 ontzako babarrun gorri lata, gehi likidoa
- 1 pote (4 ontza) piper zatitua, xukatu
- 1 piper jalapeño, zatituta
- 2 koilarakada txili hautsa (edo gehiago dastatzeko)
- koilaratxo 1 kumino
- 1 baratxuri ale, fin-fin txikituta (baratxuri-hautsa ordezka dezake)
- 1/2 koilaratxo gatz
- albahaka pixka bat
- Cayenne piper pixka bat (edo gehiago dastatzeko)
- oregano pixka bat
-

aukerako osagarriak

- krema garratza

- perrexil txikitua

- gazta birrindua (Mexikoko nahasketa, cheddar jack, cheddar, pepper jack, etab.)

- xerratan tomateak

- xerra finetan tipula berdea

PRESTAKETA

1. Konbinatu osagai guztiak sukalde motelean hautazko osagarriak izan ezik. Estali eta egosi goian 2 orduz, gero baxuan beste 6 orduz.
2. Edo pipermina su baxuan egosi daiteke 8-10 orduz.
3. Zerbitzatu ontzietan nahi dituzun alboko platerekin.

Indioilar pipermina zatitan

OSAGAIAK

- Kilo 1 indioilar edo behi ehoa
- 1/2 Kopako tipula txikituta
- 2 lata (14,5 ontza bakoitza) zatitutako tomate zukuarekin
- 1 lata (16 ontza) pinto babarrunak, xukatu, garbitu
- 1/2 Kopako saltsa lodia, zure gogokoena
- 2 koilarakada txili hauts
- 1 1/2 koilaratxo ehoko kuminoa
- Gatza eta piperra dastatzeko
- 1/2 Kopako Cheddar birrindua edo Mexikoko gazta mistoa
- 1 edo 2 koilarakada oliba beltz xerratan

PRESTAKETA

1. Zartagin handi batean su ertainean, marroi beheko indioilarra eta tipula. Xukatu gehiegizko koipea.
2. Transferitu nahasketa gorritua lapikora tomateekin, babarrunekin, salsarekin, chili hautsarekin eta kuminoarekin. Nahasi astiro-astiro osagaiak nahasteko.
3. Estali eta egosi abiadura baxuan 5-6 orduz. Dastatu eta gatz eta piperrez ondu.
4. Zerbitzatu krema garratz pixka batekin eta gazta birrinduarekin eta oliba beltz xerrarekin.
5.
   4 balio du.

Indioilar xerra sagar eta cranberryrekin

OSAGAIAK

- 2 koilarakada gurina
- 1 apio zurtoin handi, txikituta
- 2 koilarakada tipula edo txalota fin-fin txikituta, aukeran
- Sagar 1, zurituta, zurtoina eta zatituta
- 2 edalontzi belar zaporeko apurrak betetzeko
- 1/2 kopa oilasko salda
- 1 lata (14 ontza) cranberry saltsa osoa, banatuta
- koilaratxo 1 hegazti ongailu
- indioilar bularreko txuletak, 1 1/2 eta 2 kilo inguru
- gatza kosher eta piper beltza eho berria

PRESTAKETA

1. Urtu gurina zartagin edo zartagin handi batean su ertainean. Gehitu apioa, tipula, erabiltzen baduzu, eta sagar zatitua. Egosi, irabiatuz, 5 minutuz.
2. Ontzi handi batean, konbinatu apurrak barazki salteatuarekin, oilasko salda, 1 Kopako cranberry saltsarekin eta hegazti-jantziarekin. Ondo nahastu konbinatzeko.
3. Bota betegarri nahasketa koilarakada batzuk indioilar bularreko txuletaren gainean. Mutur luzetik hasita, bildu eta ziurtatu hortzekin.

4. Antolatu opilak sukalde motelean.
5. Bestela, indioilarra sueztitu dezakezu betegarririk gabe eta bete-nahasketa bota erroiluen inguruan.
6. Banatu gehiegizko betegarria indioilar erroiluen gainean. Bota kosher gatza eta piper beltz eho berria.
7. Estali eta egosi BAXU 5 orduz, edo ALTUAN 2 ordu eta erdi inguru.

Indioilar xerra cranberry laranja saltsarekin

OSAGAIAK

- 1/4 Kopako azukre granulatua
- 2 koilarakada arto-almidoia
- 3/4 kopa laranja marmelada
- 1 Kopako cranberries freskoak, xehatuta edo txikituta
- Hezurrik gabeko indioilar bularra txiki bat, 3-4 lb ingurukoa
- Gatza eta piperra dastatzeko

PRESTAKETA

1. Kazola batean, konbinatu azukrea eta arto-almidoia; nahastu marmelada eta cranberriak. Su ertainean egosi, nahastuz, nahasketa leuna eta apur bat loditu arte.
2. Jarri indioilar bularkia sukalde motelean. Gatza eta piperra bota dena.
3. Bota saltsa indioilarrari.
4. Estali eta egosi ALTUAN ordubetez. Sua jaitsi eta beste 6-8 orduz egosi.
5. Sartu berehalako irakurketa-termometro bat indioilar bularretako zati lodienean prest dagoen egiaztatzeko.
6. Gutxienez 165 °F eta 170 °F erregistratu behar ditu.
7. Moztu indioilarra eta zerbitzatu saltsarekin.
8. 6-8 anotarako.

Cranberry indioilarra crockpot batean

OSAGAIAK

- 1 indioilar bularra, hozkailuan desizoztua
- Lipton tipula zopa poltsa 1 (belar zopa erabili nuen)
- 1 poto cranberry saltsa

PRESTAKETA

1. Jarri indioilarra ontzi-ontzian. Nahastu cranberry saltsa eta zopa eta isuri indioilarrari.
2. Egosi 2 orduz altua eta gero 6-7 orduz baxua.
3. Indioilar bularkiak gutxienez 165 erregistratu behar ditu haragiaren zati lodienean sartutako sukaldeko termometro batean.

Crockpot Indioilarra krema garratzarekin

OSAGAIAK

- Hezurrik gabeko indioilar bularra 1 (3 1/2 kilo inguru)
- koilaratxo 1 gatz
- 1/4 koilaratxo piper
- 2 koilarakada aneta lehorra, banatuta
- 1/4 edalontzi ur
- koilarakada 1 ozpin zuri edo ardo
-
3 koilarakada irin

-
1 Kopako krema garratza

PRESTAKETA

1. Indioilar bularretako bi aldeak hautseztatu gatza, piperra eta koilaratxo bat aneta. Jarri indioilar bularkia lapikoan. Gehitu ura eta ozpina. Estali eta su motelean egosi 7-9 orduz edo bigundu arte. Kendu indioilar bularkia plater batera; egon beroa. Transferitu zukuak kazola batera; jarri sutan eta berotu su ertainean. Egosi su bizian, estali gabe, 5 minutu inguru likidoak murrizteko. Desegin irina ur hotz apur batean eta gehitu likidoari.
2. Gehitu gainerako koilarakada aneta.
3. Egosi loditu arte, 15-20 minutu inguru. Nahasi krema garratza eta itzali sua. Moztu haragia xerratan eta zerbitzatu krema garratza saltsarekin.
4. 6 balio du.

Turkiako ogitartekoak

OSAGAIAK

-
- 6 c. indioilar zatitua
- 3 edalontzi Velveeta gazta (gazta amerikarra), zatituta edo txikituta
- 1 lata (10 3/4 ontza) onddo zopa
- 1 lata (10 3/4 ontza) oilasko zopa krema
- Tipula 1, txikituta
- 1/2 seg. Zurrunbilo zoragarria

PRESTAKETA

1. Sukalde motelean, konbinatu indioilar zatitua, gazta, perretxiko-zopa krema, oilasko-zopa krema, tipula eta Miracle Whip. Estali eta su baxuan egosi 3-4 orduz. Nahastu indioilar nahasketa noizean behin. Gehitu ur pixka bat behar izanez gero. Zerbitzatu hautsitako ogitartekoekin.

Crockpot Indioilarra Baratxuriarekin

OSAGAIAK

- 1 1/2 kilo indioilar hankak hezurrik gabe eta azalik gabe
- gatza eta piperra edo limoi piperra dastatzeko
- koilarakada 1 oliba olio
- 6 baratxuri ale, osorik utzi
- 1/2 baso ardo zuri lehorra
- 1/2 kopa oilasko salda
-

1 koilarakada perrexila txikitua

PRESTAKETA

1. Ondu indioilarra gatz eta piperrez edo limoizko piperraz. Berotu oliba olioa zartagin handi batean su ertainean. Gehitu indioilar hankak; marroi 10 minutu inguru.
2. Jarri indioilarra sukalde motelean; gehitu gainerako osagaiak. Egosi ALTUAN 3-4 orduz edo indioilar hankak egosi arte. Kendu baratxuri aleak potetik. Pureatu batzuk eta itzuli sukalde motelera nahi izanez gero. Zerbitzatu indioilarra zukuekin.
3. 4tik 6ra balio du.

Indioilar lurreko pasta saltsa

OSAGAIAK

- 3 koilarakada oliba olio

- 1 libra beheko indioilarra

- 1 lata (14,5 oz.) tomate gisatua

- 1 (6 ontza) tomate ore lata

- 1/2 koilaratxo. ezkaia lehortua

- 1 koilaratxo albahaka hosto lehorrak

- 1/2 koilaratxo. jatorrizkoa

- 1/2 eta 1 koilaratxo azukre, aukerakoa

- 1 koilaratxo gatza, edo dastatzeko

- 1/2 Kopako tipula txikitua

- 1 piper, txikituta

- 2 baratxuri ale xehatu

- 1 erramu hosto

- 1/4 edalontzi ur

- 4 ontza txikituta edo xerratan perretxikoak, freskoak edo kontserbak, xukatuak

PRESTAKETA

1. Jarri olioa zartaginean; marroia beheko indioilarra poliki-poliki. Beheko indioilarra egosten ari den bitartean, jarri tomate erregosiak, tomate pasta, ezkaia, albahaka, oreganoa, gatza eta azukrea sukalde motelean. Ondo nahastu eta su baxuan egosi. Indioilarra gorrituta dagoenean, eraman ezazu sukalde motelera koilaratxo batekin. Ez itsatsi gabeko zartagin batean, tipula, piperra, baratxuria eta erramu hostoa leun arte salteatu. Sukaldaritza motela egiteko, gehitu 1/4 kopa ur eta perretxikoak txikituta.
2. Estali eta su baxuan egosi 4 eta 6 orduz. Ur apur batekin diluitu behar izanez gero.
3. Hornitu zure pasta egosi gogokoena espageti egosi beroekin.
4. 6 balio du.

Beheko indioilarra joe desegokia

OSAGAIAK

-
2 kilo lur indioilarra

-
1 Kopako tipula txikituta

-
2 lata (15 ontza bakoitza) tomate saltsa

-
1 lata (6 oz) tomate-pasta

- 1/2 Kopako azukre marroia (ondo ontziratua)
- 1/3 kopa ardo beltza edo sagardo ozpina
- 2 koilarakada Worcestershire saltsa
- 2 koilarakada ke likido
- 1/2 koilaratxo zaporeko gatz
- 1/4 koilaratxo piper beltza

PRESTAKETA

1. Frijitu indioilarra tipula batekin su ertainean 6-8 minutuz. hustuketa.
2. Transferitu indioilarra eta tipula sukalde motelera. Nahastu gainerako osagaiak.
3. Estali eta su motelean egosi 6-7 orduz. Zerbitzatu ogitarteko edo ogi xerretan.
4. 8 eta 10 balio du.

Sukaldaritza motela erraza da
OSAGAIAK

- 1 koilarakada oliba olio birjina estra

- 1 tipula handi, fin-fin txikituta

- 4 oilasko-hanka hezurrik gabe, txikituta

- 1/4 libra egosi txistorra ketua, hala nola kielbasa edo andouille pikantea, zatituta

- 3 baratxuri ale, fin-fin txikituta

- koilaratxo 1 ezkai hosto lehorrak

- 1/2 koilaratxo piper beltza

- 4 koilarakada tomate pure

- 2 koilarakada ur

- 3 lata (15 ontzako bakoitza) iparraldeko babarrun bikainak, garbitu eta xukatu

- 3 koilarakada perrexil freskoa txikituta

PRESTAKETA

1. Berotu oliba olioa zartagin handi batean su ertainean.
2. Gehitu tipula olio beroari eta egosi, irabiatuz, tipula bigundu arte, 4 minutu inguru.
3. Nahastu oilaskoa, txistorra, baratxuria, ezkaia eta piperra. Egosi 5 eta 8 minutuz, edo oilaskoa eta txistorra urre kolorekoa izan arte.
4. Nahastu tomate orea eta ura; transferitu sukalde motelera. Nahasi eskandinaviako babarrun handiak oilasko nahasketara; estali eta egosi 4-6 orduz BAXU.
5. Zerbitzatu aurretik perrexil xehatuarekin hautseztatu kazola.
6. 6 balio du.

Uharteko indioilar hankak plantxan

OSAGAIAK

- 4 eta 6 indioilar hanka

- Gatza eta piperra

- 1/2 kopa ketchup

- 5 koilarakada sagar sagardo ozpina

- 1 koilarakada Worcestershire saltsa

- 4 koilarakada azukre marroi ilun

- koilaratxo 1 ke likidoa, aukerakoa

- 1 lata (8 ontza) anana birrindu eta ondo xukatu

- 1/2 Kopako tipula txikitua

PRESTAKETA

1. Sustrai moteleko zartaginaren estaldura sueztitu koipeztatu. Jarri indioilar hankak sukalde motelean eta gatza eta piperbeltza bota. Konbinatu gainerako osagaiak; indioilar hanken gainean bota eta hankak ondo estaltzeko buelta eman. Estali eta egosi BAXU 7-9 orduz.
2. 4tik 6ra balio du.

Indioilar bularkia belar eta limoiarekin

OSAGAIAK

- 1/4 Kopako azukre granulatua

- 2 koilarakada arto-almidoia

- 3/4 Kopako laranja marmelada

- 1 Kopako cranberries freskoak, xehatuta edo txikituta

- Hezurrik gabeko indioilar bularra txiki bat, 3-4 lb ingurukoa

- Gatza eta piperra dastatzeko

PRESTAKETA

1. Kazola batean, konbinatu azukrea eta arto-almidoia; nahastu marmelada eta cranberriak. Su ertainean egosi, nahastuz, nahasketa leuna eta apur bat loditu arte.
2. Jarri indioilar bularkia sukalde motelean. Gatza eta piperra bota dena.
3. Bota saltsa indioilarrari.
4. Estali eta egosi ALTUAN ordubetez. Sua jaitsi eta beste 6-8 orduz egosi.
5. Sartu berehalako irakurketa-termometro bat indioilar bularretako zati lodienean prest dagoen egiaztatzeko.
6. Gutxienez 165 °F eta 170 °F erregistratu behar ditu.
7. Moztu indioilarra eta zerbitzatu saltsarekin.
8. 6-8 anotarako.

Sukalde motela indioilarra eta arroz basatia

OSAGAIAK

- 6 eta 8 hirugihar xerra, zatituta, frijituak kurruskariak eta xukatuak
- 1 kilo indioilar bularkia, 1 hazbeteko zatitan moztuta
- 1/2 Kopako tipula txikitua
- 1/2 Kopako azenario xerratan
- 1/2 kopa apio txikitua
- 2 lata (14 1/2 oz bakoitza) oilaskoa
- salda, edo oinarri edo alez egindako 3 1/4 edalontzi salda
- 1 lata (10 3/4 oz). oilasko zopa kondentsatua edo belar oilasko zopa krema
- 1/4 koilarakada. mejorana lehorra
- 1/8 koilarakada. piperra
- 1 1/4 Kopako arroz basati egosi gabe, garbitu

PRESTAKETA

1. Egosi hirugiharra zartagin astun batean kurruskaria izan arte; kendu koilaratxo batekin eta alde batera utzi. Xukatu indioilar zatiak, gorritu eta egosi 3 edo 4 minutuz. Gehitu tipula, azenarioa eta apioa; egosi eta nahastu 2 minutuz.
2. Irabiatu salda eta zoparen erdia sukalde motelean. Gehitu gainerako salda, majorana eta piperra. Nahastu indioilar nahasketa, hirugiharra eta basa-arroza.
3. Estali eta egosi potentzia maximoan 30 minutuz.
4. Murriztu sua gutxienera. Egosi 6-7 orduz arroza bigundu eta likidoa xurgatu arte. Indioilarra eta arroza basatia 6rentzat.

Sukalde motela indioilarra eta barazkiak

OSAGAIAK

- hezurrik gabeko indioilar bularra, 1 1/2 eta 2 kilo inguru
- 1 tipula (lau xerratan moztu)
- 2 patata txiki, xerratan
- 2 arbi txiki, zatituta, aukeran
- azenarioak
- Oilasko saltsa nahasketa pakete 1
- 3/4 baso ardo zuri lehorra
- 1/4 edalontzi ur

PRESTAKETA

1. Ondu indioilarra gatz eta piperrez eta marroi alde guztietatik sukaldeko sprayarekin ihinztatutako zartagin batean.
2. Gehitu tipula eta frijitu marroi argia arte.
3. Sukalde motelean ihinztatu sukaldeko sprayarekin eta jarri azenarioak hondoan; jarraitu patatak, arbiak eta tipulak estratifikatzen.
4. Jarri indioilarra barazkien gainean.
5. Nahastu saltsa ardoarekin eta urarekin; berotu sukaldean edo mikrouhinean, ondoren indioilarra eta barazkiak bota.
6. Estali eta egosi goian 2 orduz, gero aldatu BAXUra eta egosi beste 3 edo 4 orduz.
7. 4 balio du.

Indioilar xerra laranja saltsarekin eta cranberriekin

OSAGAIAK

- 2 kilo indioilar bular samurra
- 1/3 kopa laranja zukua
- 3/4 kopa cranberry saltsa osoa
- 2 koilarakada azukre marroi
- 1 koilarakada soja saltsa
- 1/2 koilaratxo pipea
- 1 koilarakada arto-almidoia ur hotz 1 koilarakadatan disolbatuta
- Gatza eta piperra dastatzeko

PRESTAKETA

1. Konbinatu osagai guztiak; indioilarra larru bihurtu. Estali eta egosi baxuan 7-9 orduz edo altuan 3 1/2-4 orduz. Gehitu arto-almidoia/ur hotza nahasketa zerbitzatu aurretik 10 minutu inguru. Ondu gatza eta piperbeltza.
2. 4 balio du.

Indioilarra Patata Gozoekin

OSAGAIAK

- 3 patata gozo ertain edo ohiko patata, zurituta eta 2 hazbeteko kubotan moztuta

- 1 1/2 eta 2 kilo indioilar izter, azalik gabe

- 1 pote (12 ontza) indioilar saltsa (edo erabili 1 1/2 eta 2 edalontzi)

- 2 koilarakada. Irina

- 1 koilarakada. perrexila lehortua

- 1/2 koilaratxo txikitutako erromero lehorra

- 1/4 koilaratxo ezkai hosto lehorrak

- 1/8 koilarakada. piperra

- 1 1/2 eta 2 edalontzi izoztu txikitutako babarrunak

PRESTAKETA

1. Jarri patata gozoak eta indioilarra sukalde motelean.

2. Konbinatu saltsa, irina, perrexila, erromeroa, ezkaia eta piperra; nahastu leuna arte. Bota saltsa nahasketa indioilar eta patata gozoen gainean.
3. Estali eta egosi potentzia maximoan 1 orduz. Sua jaitsi eta beste 5 orduz egosi.
4. Gehitu babarrunak sukalde motelean; astindu. Estali eta egosi 1 edo 2 orduz, edo indioilarra samurra dagoen arte eta zukuak garbi geratu arte.
5. Transferitu indioilarra eta barazkiak zerbitzatu plater batera koilaratxo batekin.
6. Nahasi saltsa eta zerbitzatu indioilar eta barazkiekin.
7. 6 balio du

Crock Pot Indioilarra eta Arroza

OSAGAIAK

- 2 lata (10 3/4 ontza bakoitza) perretxiko edo apio zopa
- 2 1/2 edalontzi ur
- 2 1/2 edalontzi arroz zuri bihurtutako gordina
- Kopako 1 apio txikitua
- 1/4 Kopako tipula fin-fin txikituta
- 2 edalontzi xehatutako indioilar egosi
- 2 edalontzi izoztutako ilarrak eta azenarioak
- 1 koilarakada hegazti ongailu nahasketa

PRESTAKETA

1. Bota zopa eta ura sukalde motelean eta ondo nahastu. Gehitu gainerako osagaiak eta nahastu. Egosi baxuan 5 eta 7 orduz edo altuan 2 1/2 eta 3 1/2 orduz. Egiaztatu noizean behin arroza ez dela bustitzen. 8 balio du.

Sukalde moteleko erraza indioilar bularra

OSAGAIAK

-
1 indioilar bularra, 5 kg inguru

-
1/2 Kopako (4 ontza) gurina urtua

-
gatza eta piperra

- 2 koilarakada arto-almidoia 2 koilarakada urarekin nahastuta
- 1/2 eta 1 kopa oilasko salda behar izanez gero

PRESTAKETA

1. Indioilar bularkia gatza eta piperbeltza bota eta sukalde motelean jarri. Bota gurina urtua indioilar gainean.
2. Estali eta egosi 6-7 orduz, edo indioilar marroiak eta zukuak agortu arte labana batekin zulatzean.
3. Bota sukalde moteleko zukuak kazola batera. Irakiten jarri eta gero arto-almidoia eta ur nahasketa gehitu. Gehitu oilasko salda, 1/2 edo 1 kopa inguru, lapikoan geratzen den likidoaren arabera.
4. Su ertainean irabiatu leuna eta loditu arte.

Tamale Tarta Indioilar Lurrarekin

OSAGAIAK

- Kilo 1 indioilar xehea
- 3/4 kopa arto-irina horia
- 1 1/2 kopa esne
- 1 arrautza, irabiatua
- 1 pakete (1 1/4 ontza) chili ongailu
- 1 lata (11 eta 16 ontza) arto osoa, xukatuta
- 1 lata (14,5 eta 16 ontza) tomate, txikituta
-

1 Kopako gazta birrindua

PRESTAKETA

1. Indioilarra gorritu eta ondo xukatu. Nahastu arto-irina, esnea eta arrautza ontzi batean. Gehitu haragi xukatua, pipermina nahasketa lehorra, tomatea eta artoa. Astindu. Isuri 3 1/2 litro edo handiagoa egosi motelean. Estali eta egosi 1 orduz goian, gero txikiagora eta egosi 3 orduz. Gazta hautseztatu. Egosi beste 5-10 minutuz.
2. 6 balio du.

Indioilar barbakoa

OSAGAIAK

- 2 eta 3 kilo indioilar txuletak edo txuletak

- 2 piper berde, edo gorri, hori eta berde konbinazio bat, zerrendatan moztuta

- koilaratxo 1 apio gatza

- Piper pixka bat

- 1 edo 2 koilarakada tipula fin-fin txikituta edo 2 koilarakada tipula lehor txikituta

-

2 edalontzi lodi barbakoa saltsa

PRESTAKETA

1. Indioilar txuletak gatza eta piperbeltza bota. Labean labean 350º-tan estalita ordubetez. Bilatu nahi duzun kolorerik ilunena. Bitartean, konbinatu barbakoa saltsa eta apio gatza 5 litroko sukalde motelean. Gehitu piper berdeak eta tipula. Estali eta su bizian egosi indioilarra egosten den bitartean. Moztu indioilarra (zasta txiki edo ertainetan dastatzeko) eta gehitu sukalde motelean/crockpot-era. Estali eta egosi 4 orduz BAXU edo ALTU 2 orduz.
2. Zerbitzatu zatitutako biribil freskoekin.
3. Indioilar errezetak 4 eta 6 balio ditu.

Crockpot Turkia eta Quesadillas

OSAGAIAK

- 1 indioilar bularra, 5 kilo ingurukoa, hezurrekin
- 3/4 kopa perrexila, banatuta
- 1/2 Kopako landare-olioa
- 2 koilarakada gatz
- 2 koilarakada piper beltz
- 1 Kopako sagar sagardo ozpina

PRESTAKETA

1. Jarri indioilarra sukalde motel handi batean. Nahastu 1/2 Kopako perrexila txikitua, landare-olioa, gatza, piperra eta ozpina; indioilar bularra bota. Gainean gainontzeko perrexila hautseztatu. Egosi 4 eta 4 ordu 1/2 goian edo 8 eta 9 ordu baxuan. Kendu sukalde moteletik eta utzi gelditzen 15 minutu taila baino lehen.
2. 6 balio du.
3. Turkiako Ouesadillak egiteko: Berotu koilaratxo bat olio zartagin batean su ertainean. Jarri irin tortilla zartaginean eta zabaldu 1/2 kopa inguru Mexikoko gazta nahasketa eta 1/4 eta 1/2 kopa indioilar xehatuta.
4. Gainean bigarren tortilla batekin. Egosi gazta urtzen hasi arte. Irauli espatularekin eta marroi beste aldea. Moztu quesadilla laurdenetan eta zerbitzatu saltsarekin.
5. 6 balio du

Indioilar xerra marmeladarekin

OSAGAIAK

- indioilar bularkia (ontzian sartu behar da)

-
1 laranja marmelada edo anana marmelada pote

-
kanela

PRESTAKETA

1. Jarri indioilar bularkia sukalde motelean/crockpotean, bota laranja marmelada edo anana/laranja pote bat bularra eta hautseztatu kanela pixka bat. Egosi su motelean 6-8 orduz edo su bizian 4 ordu inguruz.

Sukalde moteleko kazola indioilarrekin eta brokoliarekin

OSAGAIAK

- 8 ontza perretxikoak
- 2 koilarakada gurina
- Lata bat (10 3/4 ontza) urrezko perretxiko zopa kondentsatua
- 5 koilarakada maionesa, 1/3 kopa inguru
- 3 koilarakada esne
- koilarakada 1 prestatutako mostaza
- 1/4 koilaratxo piper beltza
- 4 edalontzi xehatutako indioilar egosi
- 16 ontza izoztutako brokoli txikitua
- 1 kopa Amerikako gazta birrindua
-

1/4 Kopako almendra txigortuak •, aukeran

PRESTAKETA

1. Ihinztatu ontziaren barrualdea sukaldeko sprayarekin edo koipeztatu gurina apur bat.
2. Zartagin batean su ertainean, salteatu xerratan perretxikoak gurinetan bigundu arte. Crockpot-ean, konbinatu perretxikoak, zopa, maionesa, esnea, mostaza eta piperra. Gehitu indioilar zatitua eta brokolia. Estali eta su baxuan egosi 5 orduz. Nahastu gazta; estali eta beste 30 minutuz egosi. Bota almendra txigortuak, nahi izanez gero, zerbitzatu aurretik.
3. 6 balio du.

• Intxaurrak txigortzeko, zabaldu geruza bakarrean labeko xafla batean. Labean erre 350ºtan, noizean behin nahastuz, 10-15 minutuz. Edo koipeztatu gabeko zartagin batean txigortu su ertainean, irabiatuz, urrezko marroia eta usaintsua izan arte.

Sukalde motela indioilar tarta

OSAGAIAK

- 3 edalontzi oilasko edo indioilar egosi zatituta
- 2 lata (14 1/2 ontza bakoitza) oilasko salda
- 1/2 koilaratxo gatz
- 1/2 koilaratxo piper
- 1 apio zurtoin, xerra mehean
- 1/2 Kopako tipula txikitua
- 1 erramu hosto txiki
- 3 edalontzi patata zatituta
- Barazki misto izoztu pakete 1 (16 ontza)
- 1 kopa esne
- 1 edalontzi irin
- koilaratxo 1 piper beltz
- 1/2 koilaratxo hegazti ongailu nahasketa
- 1/2 koilaratxo gatz
-

1 9 hazbeteko hozkailuko tarta lurrazala

PRESTAKETA

1. Konbinatu oilaskoa, oilasko salda, 1/2 koilaratxo gatza, 1/2 koilaratxo piper, apioa, tipula, erramu hostoa, patatak eta barazki nahasiak sukalde motelean. Estali eta egosi su baxuan 7 eta 9 orduz edo su bizian 3 1/2 eta 4 1/2 orduz. Kendu erramu hostoa.
2. Berotu labea 375°-ra. Ontzi txiki batean, nahastu esnea eta irina. Konbinatu pixkanaka irina eta esne nahasketa sukalde motelean. Nahastu piperra, hegazti ongailuak eta gatza. Kendu estaldura sukalde moteleko hondotik eta jarri arretaz 9 hazbeteko tarta lurrazala nahasketaren gainean.
3. **Jarri platerak aldez aurretik berotutako labean eta labean (estalkirik gabe) 15-20 minutuz edo urrezko marroi arte. Zure forroa ez bada kengarria edo lurrazalarentzako handiegia bada, transferitu nahasketa zartagin batera, estali pasta laburrarekin eta labean goiko bezala.**
4. 8 balio du.

Indioilarra saltsarekin

OSAGAIAK

- 1 eta 1 1/2 lb indioilar bularra (erdikoa bada handia bada) edo xerratan indioilar txuletak

- 1 indioilar saltsa mistoa (lehorra)

- Perretxiko zopa lata 1 (ohikoa edo % 98 koiperik gabea)

- koilarakada 1 perretxiko eta tipula zopa (nahasketa lehorra, 1/2 sachet inguru), edo erabili batzuk

- koilarakada tipula txikituta eta perretxiko lehorrak edo kontserbak

- Gatza eta piperra dastatzeko

PRESTAKETA

1. Konbinatu osagai guztiak Crock Pot-en; estali eta su baxuan egosi 6 1/2 - 8 orduz. Zerbitzatu arrozarekin edo patatekin.
2. 4 balio du.

Turkia Madeira

OSAGAIAK

- 1 1/2 kilo indioilar bularra

- 2 ontza perretxiko lehorrak

- 3/4 Kopako oilasko salda

- 3 koilarakada Madeira ardo

- 1 koilarakada limoi zuku

- Gatza eta piperra dastatzeko

PRESTAKETA

1. Estali eta su baxuan egosi 6-8 orduz. Nahi izanez gero, loditu zukuak arto-almidoiarekin eta zerbitzatu arrozarekin.
2. 4 balio du.

Ganadutegiko indioilar hankak
OSAGAIAK

- 3 indioilar hanka

- Gatza eta piperra

- 1 enchilada nahasketa saltsa poltsa

- 1 lata (6 oz.) tomate-pasta

- 1/2 edalontzi ur

- 2 edalontzi Monterey Jack gazta birrindua

- 1/2 Kopako krema garratza

- 1/4 Kopako tipula berde txikituta

- 1 lata (4 ontza) xerratan oliba helduak

PRESTAKETA

1. Indioilar hanka bakoitza erditik moztu eta hezurra kendu. Indioilarra gatza eta piperbeltza bota eta sukalde motelean jarri.
2. Gehitu enchilada saltsa, tomate-pasta eta ura; nahastu ondo nahastu arte. Banatu saltsa nahasketa indioilar hanken gainean.
3. Estali eta egosi BAXU 6-7 orduz, edo indioilarra samurra egon arte. Biratu botoia ALTUra; irabiatu gazta eta jarraitu irabiatzen gazta urtu arte.
4. Jarri zerbitzatu ontzi batera eta apaindu krema garratza eta tipula berde txikituta.
5. Apain ezazu xerratan oliba helduekin.
6. Zerbitzatu tortillarekin eta Mexikoko arroz errazarekin nahi izanez gero.
7. 4tik 6ra balio du.

Crockpot indioilarra eta arroz kazola

OSAGAIAK

- 2 lata (10 3/4 ontza bakoitza) onddo zopa kondentsatua
- 3 edalontzi ur
- 3 edalontzi bihurtutako ale luzeko arroz zuria (gordina)
- Kopako 1 apio xerra finetan
- 2-3 edalontzi txikitutako indioilar egosi
- 2 edalontzi izoztutako barazki mistoak (ilarrak eta azenarioak, ekialdeko nahasketa, etab.)
- koilaratxo 1 hegazti ongailu
- 1 koilarakada tipula lehor txikitua

PRESTAKETA

1. Konbinatu zopa eta ura sukalde motelean. Gehitu gainerako osagaiak eta ondo nahastu. Estali eta egosi su baxuan 6 eta 7 orduz edo altuan 3 eta 3 1/2 orduz, arroza samurra izan arte, baina ez mozkorra izan arte.
2. 4tik 6ra balio du.

Indioilar gisatua perretxiko eta krema garratzekin

OSAGAIAK

- 1 kilo indioilar saiheski edo txuletak, 3 x 1 hazbeteko zerrendatan moztu
- Tipula ertain 1, erdira moztuta eta xerra mehean
- 3 tipula berde berdeekin, txikituta
- 8 ontza xerratan perretxiko freskoak
- 3 koilarakada erabilera guztietarako irina
- Kopa bat esne edo erdi eta erdi
- koilaratxo 1 estragoi hosto lehorrak, xehatuta
- koilaratxo 1 perrexila lehorra
- koilaratxo 1 gatz
- 1/8 koilaratxo piper
- 1/2 Kopako ilar eta azenario izoztuak
- 1/2 Kopako krema garratza

PRESTAKETA

1. Pilatu indioilar zerrendak, tipulak eta perretxikoak sukalde motelean. Estali eta egosi 4 orduz BAXU. Transferitu zerbitzatu ontzi bero batera, eta ezarri sukalde motela ALTUAN.
2. Konbinatu irina eta esnea irina urtu eta nahasketa homogeneoa izan arte; nahastu zukuak sukalde motelean. Gehitu estragoia, perrexila, gatza eta piperra. Itzuli indioilarra eta barazkiak lapikora. gehitu barazki izoztuak. Estali eta egosi HANDITAN 1 orduz, edo saltsa loditu eta barazkiak prest egon arte.
3. Nahi izanez gero, gehitu krema garratza zerbitzatu aurretik. Zerbitzatu arrozarekin edo tostadak nahi izanez gero.
4. 4 balio du.

Erraza Crockpot Turkey Tetrazzini

OSAGAIAK

-
1 edalontzi ur beroa
- 1 lata oilasko zopa edo belar-oilasko krema
- 1 lata (4 ontza) perretxikoak, likidoarekin
- 2 koilarakada pipermina fin-fin txikituta
- 2 edalontzi xehatutako indioilar egosi
- 1 Kopako Cheddar gazta birrindua
- 1/4 Kopako tipula fin-fin txikituta
- koilaratxo 1 perrexil lehorra
- intxaur muskatu pixka bat
- 2 edalontzi hautsitako espageti gordinak

PRESTAKETA

1. Ihinztatu sukalde motelean sukaldeko spray zaporedunarekin. Nahastu ura, zopa, perretxikoak likidoarekin eta pipermina ontzi batean. Nahastu indioilarra, gazta, tipula, perrexila eta intxaur muskatua. Gehitu hautsitako espagetiak. Nahastu konbinatzeko eta ontzira bota. Estali eta egosi BAXU 4-6 orduz, fideoak samurrak egon arte. Mugitu zerbitzatu aurretik. 4tik 6ra balio du.

Vickie's fideo saltsa indioilar saltxitxarekin

OSAGAIAK

- 180 g tomate pure
- 16 ontza tomate gisatua
- 8 ontza tomate saltsa
- 28 ontza tomateak, kontserbak, xukatuak
- 1/2 baso ardo beltz
- 1/2 edalontzi ur
- 1/2 koilaratxo azukre
- 1/8 koilaratxo oregano hosto lehorrak
- 1/8 koilaratxo albahaka hosto lehorrak
- 1 erramu hosto
- 1 1/2 koilarakada italiar janzteko
- koilaratxo 1 chili hauts
- 2 koilarakada baratxuri, xehatuta
- Kilo bat indioilar bularkia, egosi eta zatituta
- 1/2 libra italiar indioilar txistorra, egosita, xerratan
- 2 tipula, txikituta
- Piper 1, xerratan
- 1/2 koilaratxo gatza, aukeran

PRESTAKETA

1. Konbinatu osagai guztiak crockpot-ean. Estali eta egosi BAXU 8-10 orduz.
2. 10etik 12ra balio du. Izoztu daiteke.

Indioilar bularkia ardotan erregosa

OSAGAIAK

- 1 indioilar bularra hezurrik gabe (3 lb inguru)
- Tipula ertain 1, erdira moztuta eta xerra mehean
- 1/2 koilaratxo ezkaia
- Baratxuri ale handi 1, xerra mehean
- Gatza eta piperra dastatzeko
- 1/4 kopa Madeira ardoa
- koilarakada 1 ezti
- 1 edo 2 ontza perretxiko lehor, esate baterako, porcini, 1/4 edalontzi uretan bustita
- koilarakada 1 arto-almidoia 2 koilarakada ur hotzarekin nahastuta

PRESTAKETA

1. Kendu indioilar bularkia ontzitik eta saretik eta garbitu ur hotzetan; lehorra. Jarri indioilar bularkia sukalde motelean; gehitu tipula, ezkaia, baratxuria, gatza eta piperra, ardoa, eztia eta perretxikoak beratzen duen likidoarekin. Estali eta su motelean egosi 8-10 orduz. Azken 30 minutuetan, isuri likidoa ontzi batera gantz gehiegi kentzeko, nahi izanez gero, eta salda zartaginera itzuli. Nahastu arto-almidoia nahasketa eta jarraitu egosten leuna eta loditu arte.
2. 5etik 6ra balio du.

Apple Betty

OSAGAIAK

- 3 lb sagarra, Roma, Granny Smith, Jonathan, etab egosteko.
- 10 ogi xerra, kubo zatituak, 4 edalontzi inguru ogi kubo
- 1/2 koilaratxo. kanela hautsa
- 1/4 koilarakada. Intxaur muskatua
- 1/8 koilarakada. gazia
- 3/4 Kopako azukre marroia ontziratua
-

1/2 Kopako gurina urtu

PRESTAKETA

1. Garbitu sagarrak, zuritu, muina, moztu zortzikotan. 7-8 edalontzi inguru izan behar dituzu xerratan sagar. Jarri sagar xerrak gurinatutako crockpotaren hondoan. Konbinatu ogi kuboak kanela, intxaur muskatua, gatza, azukrea, gurina; elkarrekin bota. Jarri sagarrak gainean. Estali eta egosi BAXU 2 1/2 eta 4 orduz.
2. 6 balio du.

Sagar gurina

OSAGAIAK

- 7 edalontzi sagar saltsa, arrunta

- 2 edalontzi sagar sagardo

- 1 1/2 edalontzi eztia

- 1 koilarakada ehoa kanela

- 1/4 koilaratxo beheko ale, aukeran

- 1/2 koilaratxo pipea

PRESTAKETA

1. Konbinatu osagai guztiak sukalde motelean. Estali eta egosi BAXU 14-15 orduz edo nahasketak kolore marroi sakona hartu arte.
2. Isuri sagar-gurin beroa ontzi esterilizatu eta beroetan eta itxi, gero pinta bat edo pinta bat irakiten ur-bainu batean 10 minutuz.
3. 4 pinta edo 8 pinta erdi poteetarako.

xApple-Coconut Crisp

OSAGAIAK

- 4 Granny Smith sagar handi, zurtoinak, zurituak eta txikituta (4 edalontzi inguru)

- 1/2 Kopako koko-malutak gozotu

- koilarakada 1 irin

- 1/3 Kopako azukre marroia

- 1/2 Kopako karamelu edo karamelu izozki gaina (koiperik gabekoa ondo dago)

- 1/2 koilaratxo kanela

- 1/3 kopa irina

- 1/2 Kopako olo-irina azkar

-

2 koilarakada gurina

PRESTAKETA

1. 1 1/2 litroko sukalde motelean/Crock Pot lapiko batean, konbinatu sagarrak kokoarekin, koilarakada 1 irina, 1/3 Kopako azukre marroia eta kanela. Ondu izozkiarekin. Konbinatu gainerako osagaiak ontzi txiki batean sardexka edo pastel-mozketa batekin eta hautseztatu sagar nahasketa. Estali eta egosi indar osoan 2 1/2 edo 3 orduz, sagarrak samurrak egon arte. Zerbitzatu epela bainila izozkiarekin edo krema harrotua.

Sagar eta cranberries kurruskariak

OSAGAIAK

- 3 sagar handi, zuritu, karratua eta xerratan moztuta
- Kopako 1 cranberries
- 3/4 kopa azukre marroia
- 1/3 Kopako olo-irina (sukaldari azkarra)
- 1/4 koilarakada. gazia
- 1 koilarakada. kanela
- 1/3 Kopako gurina, bigundua

PRESTAKETA

1. Jarri sagar xerrak eta cranberriak sukalde motelean. Nahastu gainerako osagaiak ontzi batean; hautseztatu sagarra eta cranberriak gainean. Jarri 4 edo 5 paper eskuoihal sukalde motelen gainean eta jarri tresna bat, egurrezko koilara adibidez, gainean estalkia ondo ixteko. Jarri tapa. Horri esker, lurrunak ihes egiten du. Piztu sukalde motela eta egosi 2 orduz.
2. 4 balio du.

Sagar Eta Ahabi Konpota

OSAGAIAK

- Sukaldatzeko 6 sagar, zurituta, karreztatua eta xerratan moztuta
- 1 Kopako cranberries freskoak
- 1 Kopako azukre granulatu
- 1/2 koilaratxo laranja azal birrindua
- 1/2 edalontzi ur
- 3 koilarakada porto edo laranja zuku
- krema, aukerakoa

PRESTAKETA

1. Antolatu sagar xerrak eta cranberriak sukalde motelean. Bota fruta azukrea. Gehitu laranja azala, ura eta ardoa. Mugitu osagaiak nahasteko. Estali, egosi BAXU 4-6 orduz, sagarrak samurrak egon arte. Zerbitzatu fruta epela zukuekin, beharbada kremaz apaindua.
2. 6 balio du.

Sagar eta dattil-esnea

OSAGAIAK

- 5 Jonathan edo Granny Smith sagar, zuritu, zurtoina eta zatituta (edo egosteko beste sagar batzuk)
- 3/4 kopa azukre granulatua
- 1/2 kopa datil txikituta
- 1/2 Kopako pecan txigortu eta txikituta •
- 2 koilarakada irin
- 1 koilaratxo gozogintza hauts
- 1/8 koilaratxo gatz
- 1/4 koilaratxo intxaur muskatua
- 1/4 koilaratxo kanela
- 2 koilarakada gurin urtua
- 1 arrautza, irabiatua

PRESTAKETA

1. Jarri sagarrak, azukrea, datilak eta pakanak sukalde motelean; nahastu nahasteko. Aparteko ontzi batean, konbinatu irina, gozogintza hautsa, gatza, intxaur muskatua eta kanela; nahastu sagar nahasketa. Nahasketaren gainean urtutako gurina bota eta nahastu. Gehitu arrautza irabiatua. Estali eta egosi 3 edo 4 orduz BAXU. Zerbitzatu beroa.
2. • Intxaurrak txigortzeko, zabaldu geruza bakarrean labeko xafla batean. Labean erre 350ºtan, noizean behin nahastuz, 10-15 minutuz.
3. Edo koipeztatu gabeko zartagin batean txigortu su ertainean, irabiatuz, urrezko marroia eta usaintsua izan arte.

Sagar eta intxaur gazta tarta

OSAGAIAK

-

Lurrazala:

- 1 Kopako (gantz gutxiko) Graham cracker apurrak
- 1/2 koilaratxo kanela
- 2 koilarakada azukre
- 3 koilarakada gurin urtua

1/4 Kopako pakanak edo intxaurrak fin-fin txikituta

-

betetzea:

- 16 ontza krema gazta
- 1/4 Kopako azukre marroia
- 1/2 Kopako azukre pikor zuria
- 2 arrautza handi
- 3 koilarakada esnegain astun
- koilarakada 1 arto-almidoia
- 1 koilaratxo bainila

-

Junta:

- 1 sagar handi, xerra finetan (1 1/2 edalontzi inguru)
- koilaratxo 1 kanela
- 1/4 kopa azukre

- koilarakada 1 pakanak edo fin-fin txikitutako intxaurrak

PRESTAKETA

1. Konbinatu lurrazalaren osagaiak; pat 7 hazbeteko zartagin batean.
2. Irabiatu azukrea gazta krema leuna eta krematsua izan arte. Irabiatu arrautzak, esnegaina, arto-irina eta bainila. Irabiatu eskuko nahastaile elektriko baten abiadura ertainean 3 minutuz. Bota nahasketa prestatutako lurrazalean.
3. Konbinatu sagar xerrak azukrea, kanela eta intxaurrak; jarri gaina uniformeki gazta-tartaren gainean. Jarri gazta tarta alanbre-euskarri batean (edo aluminio-paperaren "eraztuna" lapikoaren hondotik urrun egoteko) crockpot-ean.
4. Estali eta egosi potentzia maximoan 2 1/2-3 orduz.
5. Utzi lapiko estalian 1 edo 2 ordu inguru (itzalduta egon ondoren), maneiatzeko nahikoa hozten den arte.
6. Utzi guztiz hozten zartaginaren alboak kendu aurretik.
7. Hoztu zerbitzatu aurretik; gorde hondarrak hozkailuan.
8. Labea: 325 °F-tan labean 45 minutu edo ordubete inguru, ondoren labea itzali eta labean hozten utzi 4 orduz.

Kafea Sagar tarta

OSAGAIAK

- Sagar nahasketa:
- Sagar tarta betegarri lata 1, apur bat hautsitako sagar xerra
- 1/2 koilaratxo kanela
- 3 koilarakada azukre marroia
- .
- Tarta-masa:
- 2 pastel horia nahasketa txiki (Jiffy - 9 oz bakoitza)
- 2 arrautza, irabiatuta
- 1/2 Kopako krema garratza (argia)
- 3 koilarakada gurin leun edo margarina
- 1/2 Kopako esne lurrundua
- 1/2 koilaratxo kanela
- koilaratxo 1 gurina edo margarina sukalde motela koipeztatzeko

PRESTAKETA

1. Konbinatu sagar nahasketaren osagaiak ontzi txiki batean. Konbinatu orea osagaiak; ondo nahastu. Gurina eskuzabala 3 1/2 litroko sukalde motelen / crockpot baten alboak eta hondoa. Zabaldu sagar-nahasketaren erdia ontziaren behealdean. Nahasketaren erdia bota sagar nahasketaren gainean. Bota gainontzeko sagar nahasketa arrautzaren gainean eta estali gainerako oreagaz. Estali eta egosi potentzia maximoan 2 eta 2 ordu eta erdiz.

2. Sua itzali, tapa irekita utzi eta hozten utzi 15 bat minutuz. Plater bati buelta eman, zartaginaren behealdean dauden sagarrak bildu eta pastelaren gainean jarri. 7 hazbeteko diametroa eta 3 1/2 hazbeteko altuera duen pastela egiten du.

aldaerak:

1. Ordezkatu mertxika edo beste tarta betegarria

3. Gehitu pakanak edo intxaur txikituak sagar nahasketari

Sagar Pudina Tarta

OSAGAIAK

- 2 edalontzi azukre pikor
- 1 Kopako landare-olioa
- 2 arrautza
- 2 koilarakada bainila extract
- 2 edalontzi erabilera guztietarako irina
- koilaratxo 1 bicarbonatoa
- koilaratxo 1 intxaur muskatua
- 2 edalontzi sagar egosiak, zuritu gabeak, zurtoinak eta txikituak
-
1 Kopako intxaur txikituta

PRESTAKETA

1. Nahasketa-ontzi handi batean, irabiatu azukrea, olioa, arrautzak eta bainila. Gehitu irina, soda eta intxaur muskatua; ondo nahastu.
2. Bota bi kiloko lata bat sukaldeko spray edo koipearekin eta irin ezazu ondo, edo erabili sukalde motelean sartuko den beste zartagin bat.
3. Bota orea lata edo zartagin batean, bete 2/3 arte.
4. Jarri Crock-Pot edo sukalde motelean. Ez gehitu urik lapikora.
5. Estali baina itxi irekita utzi lurrunak ihes egiteko.
6. Egosi altuan 3 1/2 eta 4 orduz. Ez bilatu sukaldaritzaren azken ordua.
7. Tarta prest dago goikoa eginda dagoenean.
8. Utzi atseden hartzen minutu batzuk plater batean piztu aurretik. Zerbitzatu esnegainarekin, esnegain gozoarekin edo saltsa gozo batekin.

Abricot Intxaur Ogia

OSAGAIAK

- 3/4 kopa abrikot lehorrak
- 1 edalontzi irin
- 2 koilarakada gozogintza hauts
- 1/4 koilaratxo gozogintza hauts
- 1/2 koilaratxo gatz
- 1/2 Kopako azukre granulatua
- 1/2 Kopako gari osoko irina
- 3/4 kopa esne
- Arrautza 1, arin irabiatua
- koilarakada 1 laranja azal birrindua
- koilarakada 1 landare-olio
- Kopako 1 pakanak txikituta

PRESTAKETA

1. Jarri abrikotak ebakitzeko taula batean eta bota koilarakada 1 irin. Pasatu aizto bat irinatik eta txikitu abrikot lehorrak. Aiztoa maiz bota hautsak abrikotak elkarrekin itsats ez daitezen. Bahetu gainerako irina, gozogintza hautsa, gozogintza hautsa, gatza eta azukrea ontzi handi batean. Gehitu irina integrala. Nahastu esnea, arrautza, laranja azala eta olioa. Nahastu irin nahasketa.
2. Gehitu abrikot txikituak, ebaketa-oholean geratzen den irina eta pakanak txikituta. Isuri ondo koipeztatu eta irinatutako egosketa-unitate batera edo bero-iragazgaitza den beste zartagin edo kazola batean, sukalde motelean sartuko dena. Estali eta jarri alanbre-euskarri batean (edo orri zimurtu batean) sukalde motelean, baina ireki tapa apur bat paper batekin, gehiegizko lurruna ihes egiteko. Egosi intxaur eta abrikot ogia goi mailan 4-6 orduz. Hoztu alanbre-euskarri batean 10 minutuz. Zerbitzatu beroa edo hotza.
3. 4-6 anoetarako.

Sagar egosia

OSAGAIAK

- Sukaldatzeko 6 sagar handi
- 3/4 Kopako laranja zukua
- 2 koilarakada laranja azala birrindua
- 1 koilarakada limoi birrindua

3/4 kopa cranberry blush edo sagar zukua

- 1/4 koilaratxo kanela
- 1/2 Kopako azukre marroi argia
- krema

PRESTAKETA

1. Sagarrak kendu eta sukalde motelean jarri. Ontzi txiki batean, konbinatu laranja-zukua, laranja-azala birrindua, limoi-azala birrindua, ardoa edo zukua, kanela eta azukre marroia. Sagarrari bota. Estali crockpot eta su baxuan egosi 3 ordu eta erdi inguru edo sagarrak samurrak egon arte. Utzi pixka bat hozten eta zerbitzatu esnegainarekin edo esnegainarekin.

Sagarra labean II

OSAGAIAK

- 6 eta 8 sagar ertain egosi (McIntosh, Rome Beauty, Granny Smith, Fuji, Jonathan, etab.)
- 2 edo 3 koilarakada mahaspasa
- 1/4 Kopako azukre granulatua
- koilaratxo 1 kanela, banatuta
- 2 koilarakada gurina, zati txikitan moztuta

PRESTAKETA

1. Kendu sagarraren goiko azala eta kendu muina.
2. Ontzi batean, konbinatu mahaspasak, azukrea eta 1/2 koilaratxo kanela; bete sagarraren erdialdea.
3. Jarri sagarrak sukalde motelean eta hautseztatu gainerako kanela. Estali gurin zatiekin.
4. Bota 1/2 edalontzi ur bero sagarraren inguruan.
5. Estali eta egosi BAXU 6-8 orduz, sagarrak bigundu arte.

Natilla labean

OSAGAIAK

- 3 arrautza, arin irabiatuta
- 1/3 Kopako azukre granulatua
- 1 koilaratxo bainila
- 2 kopa esne
- 1/4 koilarakada beheko intxaur muskatua

PRESTAKETA

1. Ontzi batean, konbinatu arrautzak, azukrea, banilla eta esnea; ondo nahastu. Bota su motelean sartuko den gurin gutxiko labeko ontzi edo soufflé batean eta hautseztatu intxaur muskatua. Jarri alanbre-euskarri bat edo paperezko eraztun bat sukalde motelean, eta gehitu 1 1/2 edo 2 edalontzi ur bero lapikora. Estali zartagina aluminiozko paperarekin eta jarri sarean buztinezko lapikoan. Estali eta egosi indar osoan 2 1/2 edo 3 orduz edo ezarri arte.
2. 4tik 6ra balio du.

Bananabread

OSAGAIAK

- 1/3 Kopako laburpena

- 1/2 Kopako azukre

- 2 arrautza

- 1 3/4 edalontzi irina

- 1 koilaratxo gozogintza hautsa

- 1/2 koilaratxo gatz

- 1/2 koilaratxo gozogintza hautsa

- 1 kopa banana purea

- 1/2 Kopako mahaspasa edo datila txikituta

- 1/2 Kopako pakanak txikituta, aukerakoa

PRESTAKETA

1. Ontzi batean, irabiatu koipea eta azukrea; Gehitu arrautzak eta ondo irabiatu. Bestela, gehitu osagai lehorrak banana pureari; nahastu mahaspasak edo datilak txikituta eta pakanak txikituta, erabiltzen baduzu. Koipeztatu 4 kopako lata bat eta bota nahastea. Estali lataren goiko aldea 6-8 paper xurgatzailez; eta jarri parrillan sukalde batean. Estali crockpot eta egosi 2 edo 3 orduz (edo ogia egin arte). Foroan partekatua.

Banana eta fruitu lehorrak ogia

OSAGAIAK

- 1 Kopako gurin edo margarina

- 2 edalontzi azukre

- 4 arrautza

- 1/4 koilaratxo gatz

- 2 koilarakada soda

- 4 edalontzi irin

- 6 banana handi, oso helduak, purea

- 1 Kopako pakanak fin-fin txikituta

PRESTAKETA

1. Irabiatu gurina eta azukrea elkarrekin. Gehitu arrautzak banan-banan, gehitu bakoitzaren ondoren irabiatuz. Bahetu osagai lehorrak; gehitu nahasketa krematsuari. Konbinatu bananak eta pakanak txikituta.
2. Bota banana eta intxaur ogi arrautza ondo koipeztaturiko 2 zartaginetan; 325°-tan labean ordu 1 eta 15 minutu inguru, edo erdian sartutako hortz bat garbi atera arte. Banana fruitu lehor ogi errezeta honek 2 ogi egiten ditu.

Banana konfitatuak

OSAGAIAK

- 6 banana heldu baina sendoak, zurituta

- 1/2 Kopako koko malutak

- 1/2 koilarakada beheko kanela

- 1/4 koilaratxo gatz

- 1/2 Kopako arto almibarretan iluna

- 1/4 Kopako gurina, urtua

- 1 koilarakada limoi birrindua

- 3-4 koilarakada limoi zukua (limoi ertain 1)

PRESTAKETA

1. Jarri zuritutako platanoak crockpot-aren hondoan; koko, kanela eta gatza hautseztatu.
2. Konbinatu arto almibarretan, gurina, limoi-azala eta zukua; bota banana geruzaren gainean.
3. Estali eta egosi BAXU 1 1/2 edo 2 orduz.

Caramel sagarrak

OSAGAIAK

- 2 pakete (14 oz bakoitza) gozoki
- 1/4 edalontzi ur
- 8 sagar ertain, McIntosh, Gala edo Fuji esaterako
- sagarrak egiteko makilak

PRESTAKETA

1. Konbinatu gozokiak eta ura sukalde motelean. Estali eta egosi indar osoan 1 eta 1 1/2 orduz, edo gozokiak urtu arte, sarri irabiatuz.
2. Bitartean, zartagin bat pergamino paperarekin forratu; gurina papera.
3. Garbitu eta lehortu sagarrak. Sartu pintxo bat sagar bakoitzaren zurtoinaren muturrean. Piztu crockpot beroa BAXUra.
4. **Oharra:** Karamelua erretzen bada, pasa ezazu bahe batetik eta kendu partikula ilunak.
5. Transferitu saltsa kazola batera edo itzuli sukalde motelera eta mantendu bero sagarrak bustitzen dituzun bitartean.
6. Busti sagarra karamelu beroan; bihurritu gainazal osoa estaltzeko. Eutsi sagarra potearen gainean eta kendu gehiegizko karamelu pilaketa beheko sagarrari.
7. Jarri estalitako sagarrak zartaginean prestatutako argizaria paperean. Lapikoaren hondora hurbildu ahala, erabili koilara bat karamelu beroa sagarraren gainean botatzeko.

Jarri estalitako sagar zartagina hozkailuan ondo zurrun dadin. Erreparatu haurrek laguntzen dutenean; crockpot seguruenik nahiko bero sentituko da eta karamelua beroa izan daiteke.
8. 8 sagar karamelizatutarako.

Caramel Rum Fonduea

OSAGAIAK

-
- 1 poltsa (14 ontza) ontza gozoki
- 2/3 kopa esnegaina edo esnegaina
- 1/2 Kopako miniaturazko marshmallows
- 2 edo 3 koilarakada ron edo 1/2 koilaratxo ron extract

PRESTAKETA

1. Konbinatu gozokiak eta esnegain harrotua sukalde motelean. Estali eta egosi BAXU gozokiak urtu arte, ordu 1 1/2 inguru. Nahastu marshmallows eta ron zaporea ondo nahastu arte. Estali eta 30 minutu inguru egosten jarraitu.
2. Zerbitzatu sagar zatiekin, tarta kuboekin edo erabili jengibre-ogi edo izozki saltsa gisa.

Gerezi kurruskaria

OSAGAIAK

- 1 lata (21 ontza) gerezi tarta betegarria
- 2/3 kopa azukre marroia
- 1/2 edalontzi azkar egosteko oloa
- 1/2 kopa irina
- 1 koilaratxo bainila
- 1/3 Kopako gurina, bigundua

PRESTAKETA

1. Gurina pixka bat 3 1/2 litroko sukalde motela / crockpot bat. Jarri gerezi tarta betegarria sukalde motelean/crockpotean. Konbinatu bainila osagai lehorrak eta ondo nahastu; moztu gurina ore eraztun batekin edo sardexka batekin. Apurrak hautseztatu gerezi pastelaren betegarriaren gainean. Egosi su baxuan 5 orduz.

Woods Txokolatea

OSAGAIAK

- 2 kilo almendra zuria edo txokolate zuria bustitzeko
- 4 ontza alemaniar txokolate gozoa edo esne txokolatea murgiltzeko
- 1 pakete txokolate txip erdi-gozoa (12 ontza)
-
24 ontza kakahuete erre lehorrak

PRESTAKETA

1. Jarri osagai guztiak crockpot batean; estali eta egosi potentzia maximoan 1 orduz. Ez nahastu. Jarri crockpot eta irabiatu 15 minutuz behin ordu gehiagoz. Labeko paperean bota eta hozten utzi. Gorde gozokiak ondo estalitako ontzi batean.

Crock Caramel Intxaur Erroiluak

OSAGAIAK

- 2 hodi (7 eta 8 ontzako bakoitza) hozkailuko galleta •
- 3/4 Kopako azukre marroia ontziratua
- koilaratxo 1 kanela hautsa

1/4 Kopako pakanak edo intxaurrak fin-fin txikituta

-

6 koilarakada gurin urtu

PRESTAKETA

1. Gurina eskuzabala 3 eta 4 laurdeneko sukalde motela edo zartagina edo kazola handiago batean sartuko den.
2. Nahastu azukre marroia, kanela eta intxaur txikituta.
3. Busti hozkailuko cookie bakoitza gurin urtuan estaltzeko, gero azukre marroia, kanela eta fruitu lehorrak nahastuta.
4. Sukalde motelerako prestatutako txertaketa edo zartaginean geruza jarri.
5. Gainean hautseztatu gainerako azukre nahasketa.
6. Egosi altuan 1 1/2 edo 2 orduz, cookieak ezarri arte.

7. Nirea atera nuen ordu 1 eta 45 minuturen buruan. Egosi ziren, baina sukalde moteleko tenperaturak alda daitezke.
8. Nire izoztutako 8 galleta erabili nituen, desizoztu eta erditik moztu horizontalean, 3 litroko sukalde batean geruzatuta (argazkian). Sukalde obalo edo biribil handiago batean

zartagin batek errazagoa izango luke cookieak pieza bakarrean eskuratzea.
9. Etxeko galleta txikiak edo kilo erdi inguru desizoztutako ogi-ore ere erabil ditzakezu, 16-20 zatitan moztuta.

Crockpot Sagar Gurina

OSAGAIAK

- sagarrak, zuritu, muin eta laurdenetan banatuta, 4 laurdeneko ontzi bat goitik 1 1/2 eta 2 hazbetera betetzeko

- 4 koilarakada. kanela

- 1/2 koilaratxo ale

- 1/2 koilaratxo gatz

- 3 edalontzi azukre

- 4 koilarakada ur

PRESTAKETA

1. Konbinatu osagai guztiak sukalde motelean. Estali eta egosi ALTUan berotu arte, gero BAXUra aldatu eta egosi egun osoan (7 eta 10 ordu). Eginda dagoenean eta sagarrak guztiz egosita daudenean, jarri kantitate txikiak janari-prozesadorean eta nahastu leuna izan arte.
2. OHARRA: Kontserbak egiten badituzu, jarri ontzi garbi eta esterilizatuetan eta itxi beroa dagoen bitartean, ondoren ura irakiten duen pitxer batean sartu 5 minutuz. 1.001 oinetatik 6.000 oinetara, korrika 10 minutuz eta 6.000 oinetik gora, 15 minutuz.

Apple Butter Crockpot II

OSAGAIAK

- 7 edalontzi sagar puroa
- 2 edalontzi sagar sagardo
- 1 1/2 edalontzi ezti
- koilaratxo 1 kanela hautsa
- 1/4 koilaratxo ehotutako ale, aukeran
-

1/2 koilaratxo pipea

PRESTAKETA

1. Konbinatu osagai guztiak sukalde motelean. Estali eta egosi BAXU 14-15 orduz edo nahasketak kolore marroi sakona hartu arte.
2. Isuri sagar-gurin beroa ontzi esterilizatu eta beroetan eta itxi, gero pinta bat edo pinta bat irakiten ur-bainu batean 10 minutuz.
3. 4 pinta edo 8 pinta erdi poteetarako.

Sagar crockpot postre kurruskaria

OSAGAIAK

- 6 sagar ertain egosi, zuritu, zurtoin, xerratan
- 1 1/2 edalontzi irina
- ontziratutako azukre marroi kopa 1
- koilarakada 1 kanela
- 1/2 koilaratxo intxaur muskatua
- 1/4 koilaratxo jengibre
- 3/4 Kopako gurina, bigundua

Betetzeko aholkuak:

- Banila izozkia
- Gerezi marraschinoak
- Esnegaina edo esne-gaina

PRESTAKETA

1. Eskuzabal koipeztatu crockpot (sukalde motela). Jarri sagar xerrak lapikoaren hondoan. Ontzi batean, nahastu irina, azukrea, espeziak eta gurina atzamarrekin edo sardexka batekin birrindu arte.
2. Estali sagarrak birrindutako nahasketarekin. Leunki estutu.
3. Egosi 3 edo 4 orduz edo sagarrak samurrak egon arte.
4. Zerbitzatu postre-plateretan iradokitako edozein edo guztiekin.
5. Gozatu zure bazkaria udazkeneko egun kurruskari eta kurruskari batean!

Crockpot ogi esnea

OSAGAIAK

- 5 arrautza, irabiatuta

- 3 1/2 kopa esne

- 2 koilarakada bainila

- 2 koilarakada (bai!) ehotutako kanela

- 1/2 koilaratxo gatz

- 6 edalontzi ogi birrindua (edo gehiago osagai guztiekin nahasten direnean egositako olo-irina bezalako nahasketa lodi bat lortzeko)

- 3/4 Kopako azukre marroia ontziratua

- koilarakada 1 gurina edo margarina, urtua

- 1/2 kopa mahaspasa (aukerakoa)

- Banana pure bat edo xerratan (aukerakoa)

PRESTAKETA

1. Nahastu osagai guztiak ogi birrindua guztiz busti arte eta nahasketa leuna izan arte olo-irina bezala. Jarri nahasketa eskuzabal koipeztaturiko sukalde motelean. Egosi maila altuenean 4 eta 5 orduz, edo erdian sartutako labana bat nahikoa garbi atera arte.
2. OHARRA: Sukaldatzeko azken ordu erdian, altxa ezazu estalkia "malko" bati koilara edo sardexka bat jarriz zartaginaren eta zartaginaren artean, gehiegizko hezetasuna ihes egin dezan; bestela, likido garbi bat izango duzu ogi-esnea inguratzen.

Crockpot II ogi-esnea

OSAGAIAK

- 5 arrautza, irabiatuta
- 3 1/2 kopa esne
- 2 koilarakada bainila
- 2 koilarakada (bai!) ehotutako kanela
- 1/2 koilaratxo gatz
- 6 edalontzi ogi birrindua (edo gehiago osagai guztiekin nahasten direnean egositako olo-irina bezalako nahasketa lodi bat lortzeko)
- 3/4 Kopako azukre marroia ontziratua
- koilarakada 1 gurina edo margarina, urtua
- 1/2 kopa mahaspasa (aukerakoa)
- Banana pure bat edo xerratan (aukerakoa)

PRESTAKETA

1. Nahastu osagai guztiak ogi birrindua guztiz busti arte eta nahasketa leuna izan arte olo-irina bezala. Jarri nahasketa eskuzabal koipeztaturiko sukalde motelean. Egosi maila altuenean 4 eta 5 orduz, edo erdian sartutako labana bat nahikoa garbi atera arte.
2. OHARRA: Sukaldatzeko azken ordu erdian, altxa ezazu estalkia "malko" bati koilara edo sardexka bat jarriz zartaginaren eta zartaginaren artean, gehiegizko hezetasuna ihes egin dezan; bestela, likido garbi bat izango duzu ogi-esnea inguratzen.

Crockpot gozokiak

OSAGAIAK

- 2 kg. almendra zuria azala
- 4 ontza txokolate, esne txokolate edo txokolate almendra azal
- 12 oz. txokolate txip erdi-gozoa paketea
- 2 1/2 edalontzi lehor erretako kakahuete
-
1 kopa mahaspasekin

PRESTAKETA

1. Konbinatu almendra azala, esne txokolatea, txokolate txip eta kakahueteak buztinezko lapiko batean. Aldatu LOW-ra eta nahastu 15 minuturo 45 minutuz. Gehitu mahaspasak eta egosi beste 15 minutuz.
2. Labeko paperean bota eta hozten utzi. Irmoa dagoenean, gorde ontzi hermetiko batean.

Cranberries lurrezko lapikoan

OSAGAIAK

- 1 kilo ahabi freskoak

- 2 edalontzi azukre pikor

-

1/4 edalontzi ur

PRESTAKETA

1. Konbinatu cranberriak azukrea eta urarekin Crock Pot-en. Estali eta egosi 2 edo 3 orduz, cranberriak lehertzen hasi arte. Zerbitzatu indioilar, txerri edo oilaskoarekin.

Crockpot Laranja Kanela Ogi Esnea

OSAGAIAK

- 6 ogi xerra, 6 ontzako inguru, zati txikitan moztuta
- 1/2 Kopako urrezko mahaspasa edo ilun
- 1 lata (12 ontza) esne lurrundua
- 4 arrautza handi
- 2 koilarakada gurin urtua
- 6 ontza laranja zuku kontzentratua
- 4 arrautza handi
- 1 kopa azukre
- 1/2 koilaratxo kanela ehoa
-
1 koilarakada bainila extract

PRESTAKETA

1. Gurina eskuzabala 1 1/2 litroko soufflé platera edo 7 kopa zuzeneko Pyrex beirazko ontzi edo kazola.
2. Jarri ogia eta mahaspasak ontzi handi batean. Alde batera utzi.
3. Beste ontzi batean, irabiatu esnea eta arrautzak gurina urtuarekin, laranja zuku kontzentratua, azukrea, kanela eta bainila; bota ogi nahasketa gainean eta ondo nahastu.
4. Bota prestatutako ontzi/ontzira.
5. Urratu 16 hazbeteko paperezko zati bat eta tolestu bi aldiz luzera, amaitutako budina altxatzeko.

6. Jarri papera sukalde motelean, muturrak kanpoan utziz. Bota 1 edalontzi inguru ur oso bero lapikora. Jarri ogi-esnea plateretan, antolatu aluminiozko "kirtenak" eta estali zartagina.
7. Egosi ALTUAN 2 1/2 orduz. Potontziak erabiliz, erabili "heldulekuak" lapikoa astiro-astiro altxatzeko lapikotik kanpo, lapikoaren kanpoaldea har dezazun. Jarri alanbre baten gainean apur bat hozteko.
8. Zerbitzatu beroa bainila saltsarekin edo laranja saltsarekin.

Melokotoi-gurina ontzi batean

OSAGAIAK

- 6 edalontzi melokotoi gozorik gabe
- 3 edalontzi azukre zuri
- 1 1/2 edalontzi abrikot nektarra
-
2 koilarakada laranja edo limoi zuku
-
1 koilaratxo bainila

PRESTAKETA

1. Pasatu mertxikak barazki birringailu edo elikagai-prozesadore batetik.
2. Konbinatu osagai guztiak sukalde motelean.
3. Estali eta egosi 3 orduz BAXU, noizean behin irabiatuz.
4. Estali eta jarraitu egosten gehiegizko likidoa lehortu arte, 5-8 ordu inguru.
5. Ontzietara eraman. Itxi eta hoztu edo izoztu gordetzeko.

Crock pot pound pot tarta

OSAGAIAK

- 1 kutxa (16 ontza kilo tarta nahasketa)
- 1/4 Kopako azukre marroi argia, ondo ontziratua
- koilarakada 1 erabilera guztietarako irina
- 1/4 kopa pakanak txikituta
- koilaratxo 1 kanela hautsa
- koilaratxo 1 gurina urtua
- .
- Banila Glazea:
- 1/2 Kopako azukre hautsa
- 1/4 koilaratxo bainila
-

2 edo 3 koilarakada esne

PRESTAKETA

1. Nahastu pastel nahasketa paketearen jarraibideen arabera. Bota arrautza ondo koipeztatu eta irinatutako 2 kiloko kafe-zartagin batean (ziurtatu estalkia duen crockpot-ean sartzen dela) edo orea eduki eta krockpotean sartuko den zartagin batean. Konbinatu azukrea, irina, fruitu lehorrak, kanela eta gurina; hautseztatu pastelaren arrautza gainean. Jarri lata sukalde motelean. Estali lataren goiko aldea 8 paper xurgatzailez. Estali sukalde motela eta egosi 3-4 orduz.
2. Hoztu erretilu batean 5 minutuz; eraitsi. Konbinatu bainila glasearen osagaiak leun arte; hautseztatu pastela.

Crockpot Kalabaza Ogia

OSAGAIAK

- 1 Kopako erabilera guztietarako irina
- 1 1/2 koilarakada bicarbonatoa
- 1 koilarakada kalabaza tarta espezia
- 1/2 Kopako azukre marroia, ondo bilduta
- 2 koilarakada landare-olio
- 2 arrautza, arin irabiatuta
- 1/2 kopa kalabaza purea (kontserbak)
- 1/4 Kopako mahaspasa, fin-fin txikituta

PRESTAKETA

1. Konbinatu irina, gozogintza hautsa eta kalabaza tarta espezia ontzi batean; alde batera utzi.
2. Ontzi batean, konbinatu azukre marroia eta landare-olioa; irabiatu ondo nahastu arte. Irabiatu arrautzak. Gehitu kalabaza eta ondo nahastu. Nahastu irin nahasketa eta irabiatu egurrezko koilara batekin nahastu arte. Gehitu mahaspasak.
3. Bota kalabaza nahasketa ondo koipeztatu eta irinatutako erdi laurdeneko 2 poteetan, alde zuzenekin. Ontziak ondo estali aluminiozko paperarekin.
4. Jarri alanbre-euskarri bat edo paper paper zati apur bat 3-1/2 edo 4 qt-en. pitxerra. Jarri poteak alanbre-euskarri edo paper batean.
5. Estali eta egosi ALIAN 1 1/2 orduz edo erdian sartutako egurrezko hortz-zotz edo tarta probatzaile bat garbi atera arte.
6. Kendu poteak eta jarri alanbre-euskarri batean; hoztu 10 minutuz. Kontu handiz kendu ogia poteetatik. Utzi guztiz hozten alanbrezko parrilla batean. 2 ogi egiten ditu.

Arroz-esnea ontzi batean

OSAGAIAK

- 2 1/2 edalontzi arroz egosi
- 1 1/2 Kopako esne gorritua
- 2/3 Kopako azukre zuria edo marroia
- 3 arrautza, irabiatuta
- 1 koilarakada. gazia
- 2 koilarakada. bainila
- 1 koilarakada. kanela
- 1 koilarakada. Intxaur muskatua
- 1/2 Kopako mahaspasak
- 3 koilarakada gurin leundua

PRESTAKETA

1. Konbinatu osagai guztiak. Isuri koipeztaturiko zartagin batean, sukalde motelean sartzen den. (Hau ere zuzenean isuri daiteke gurinezko lapiko batean.) Egosi 1 1/2 edo 2 ordu. Mugitu 10 minutuz behin lehenengo 30 minutuetan. Errezeta bikoiztu daiteke.

Arroz-esnea ontzi batean frutarekin

OSAGAIAK

- 1 pakete (6 ontza) cranberries lehorrak
- 1 pakete (4 ontza) ahabi lehorrak
- 1 lata (12 ontza) esne lurrundua
- 1 1/2 edalontzi ur
- 8 ontza izoztutako laranja zuku kontzentratua
- 3/4 kopa azukre
- 1 Kopako krema likidoa
- Gatz pixka bat
- 1/4 koilaratxo kanela ehoa
- 1 Kopako ale labur Arborio arroz

PRESTAKETA

1. Ihinzta ezazu plateraren barrualdea itsaski gabeko sukaldeko sprayarekin.

2. Konbinatu osagai guztiak eta bota sukalde motelean.
3. Estali eta egosi 4 eta 5 orduz BAXU edo 2 ordu eta 2 1/2 bitartean, edo arroza samurra egon arte eta nahasketa loditu arte.
4. Nahastu nahasketa egosketaren erdian eta amaitu baino lehen.
5. 6 anoa

Sagarrak labean labean

OSAGAIAK

- 3 kilo Granny Smith sagarrak, zurituta, muturtuta eta xerratan moztuta
- koilaratxo 1 kanela
- intxaur muskatu birrindu berria, aukeran
- 3 koilarakada arto-almidoia
- 1 Kopako azukre granulatu
- 1 edo 2 koilarakada gurin, zati txikitan moztuta

PRESTAKETA

1. Jarri sagar xerrak sukalde motelean/crockpotean; beste osagaiekin irabiatu eta gurina bota. Estali eta su motelean egosi 6 ordu inguruz, edo sagarrak bigunak izan arte, baina ez birrindu arte. Nahastu egosketaren erdian.
2. 2 1/2 edo 3 edalontzietarako.

Curry Fruta Tarta

OSAGAIAK

- 1 pakete prunes, (16 oz.) pitted
- 1 pakete abrikot lehorrak (11 ontza)
- 1 lata anana xerra (20 ontza), xukatu
- 1 mertxika pote; xerratan (1 libra 13 ontza)
- 1 Kopako azukre marroia
- 1/2 koilaratxo curry hautsa
- 12 ontza ginger ale

PRESTAKETA

1. Konbinatu osagai guztiak sukalde motelean. Estali eta egosi BAXUan 4-5 orduz edo ALTUAN 1 1/2 edo 2 orduz.

Gerezi tarta erraza

OSAGAIAK

- 16 oz-ko pote gereziz beteta, arina
- Tarta nahasketa pakete 1 tarta geruza bat edo magdalena nahasketa gozoa egiteko
- 1 arrautza
- 3 koilarakada esne lurrundua
- 1/2 koilaratxo kanela
- 1/2 Kopako intxaur txikituta, aukerakoa

PRESTAKETA

1. Jarri tarta betegarria sueztitu koipeztaturiko 3 1/2 litroko lapiko batean eta egosi su bizian 30 minutuz. Nahastu gainerako osagaiak eta bota pastelaren betegarri epelaren gainean. Estali eta su baxuan egosi 2 edo 3 orduz. Apur bat koipeztatuta dagoen soufflé plater bat ere erabil dezakezu sukalde motel handiago batean.
2. 6 anoa.

Txokolate-sorta errazak

OSAGAIAK

- 2 kilo gozoki zuri estaldura, edo almendra azala, zati txikitan hautsita
- 2 edalontzi (12 ontza) txokolate txip erdi-gozoa
- 4 ontza alemaniar txokolate gozoa
-

24 ontza kakahuete erre lehorrak

PRESTAKETA

1. Crockpot-ean, konbinatu gozoki zurien estaldura edo almendra-azala, alemaniar txokolate gozoa eta txokolate txip erdi-gozoa. Estali eta egosi ALTUAN 1 orduz; baxura jaitsi. Estali eta egosi ordu 1 gehiago, edo gozokiak urtu arte, 12-15 minuturo nahastuz. Gehitu kakahueteak erreak eta ondo nahastu. Jarri kakahuete sortak koilaratxoarekin paper argiztatuan; utzi atseden hartu arte. Gorde gozokiak giro-tenperaturan.
2. 3-4 dozena inguru txokolate-kakahuete ekoizten ditu.

Erraza motela egosten sagar-saltsa

OSAGAIAK

- 8 eta 10 sagar, zuritu, karreztatu eta txikituta
- 1/3 Kopako sagar zukua edo ura
- koilarakada txiki 1 kanela
-
1/2 Kopako azukre marroia josia

PRESTAKETA

1. Konbinatu osagai guztiak sukalde motelean.
2. Estali eta egosi BAXU 7-9 orduz.
3. Nahasi konbinatzeko eta birrintzeko arinki nahi izanez gero.
4. 8 balio du.

Nat gogokoena

OSAGAIAK

-
2 kopa esne, gorrituta

-
3 arrautza, arinki irabiatuta

-
1/3 Kopako azukre granulatua

-
1 koilaratxo bainila

-
1/8 koilarakada gatza

-
Intxaur muskatua

-
koko, aukerakoa

PRESTAKETA

1. Berotu esnea eta utzi pixka bat hozten. Konbinatu arrautzak, azukrea, bainila eta gatza. Gehitu poliki-poliki esnea. Isuri sukalde motelean sartuko den 1 qt koipeztaturiko zartagin batean. Intxaur muskatua eta kokoarekin hautseztatu nahi izanez gero. Estali zartagina paperarekin.
2. Jarri zartagina erretilu batean edo aluminiozko eraztun batean sukalde motelean.
3. Bota ur beroa zartaginaren inguruan 1 hazbete inguruko sakonera. Estali lapikoa eta egosi 2 edo 2 ordu eta erdiz, edo natiletan sartutako labana garbi atera arte.
4. Zerbitzatu beroa edo hotza.
5. 6 anotarako.

Banana ogia loreontzian

OSAGAIAK

- 2 edalontzi irin

- 1 koilaratxo gozogintza hautsa

- 1/2 koilaratxo gatz

- 1/2 Kopako gurina

- 1 kopa azukre

- 2 arrautza

- 1 kopa banana helduak; patata purea, 2-3 banana ertain

- 1/3 kopa esne

- koilaratxo 1 limoi zuku

- 1/2 Kopako intxaurrak, txikituta

- 1 loreontzi, lurrezko, 6 1/2 hazbete ingurukoa, baxeran sartzen da

PRESTAKETA

1. Garbitu ondo loreontzi berri bat; ondoren, koipeztatu argizarizko paperarekin lerroa, neurrira moztu. Oharra: Ziurtatu loreontzia zure ontzian sartzen dela edo erabili 2 kiloko kafe-ontzi bat. Koipeztatu argizarizko papera.
2. Nahastu irina, gozogintza hautsa eta gatza. Aparteko ontzi batean, irabiatu gurina, gero gehitu azukrea, arrautzak eta bananak eta ondo nahastu. Gehitu esnea eta limoi zukua banana-nahasketara, txandaka gehitu irina eta esne-nahasketa eta nahasi intxaurrak.
3. Jarri nahasketa prestatutako lore-ontzira eta jarri ontzi-ontzian. Jarri estalkia oinarrian. Estali 2-3 paperezko eskuoihalekin. Estali crockpot eta su baxuan egosi 5 eta 6 orduz. Ez altxa tapa azken ordura arte egiaztatzeko.

Sagar tarta freskoa

OSAGAIAK

- 2 edalontzi cookie nahasketa
- 2/3 kopa sagar saltsa
- 1/4 kopa esne
- 2 koilarakada azukre granulatu
- 2 koilarakada gurina, leundua edo urtua
- 2 sagar, zuritu, karreztatu eta zatituta
- koilaratxo 1 kanela
- 1 koilaratxo bainila
- Arrautza 1, arin irabiatua
-

Streusel

- 1/4 kopa cookie nahasketa
- 1/4 Kopako azukre marroia
- 2 koilarakada gurin sendo
- koilaratxo 1 kanela

1/4 kopa intxaur txikituta, nahi izanez gero

PRESTAKETA

1. Konbinatu lehen 9 osagaiak. Mugitu ondo nahastu arte.
2. Zabaldu sueztitu koipeztaturiko 3 1/2 litroko lapiko batean (edo zabaldu apur bat koipeztatuta dagoen labeko ontzi handiago batera egokituko dena).
3. Konbinatu streusel osagaiak sardexka edo pastel irabiagailuarekin; hautseztatu arrautza gainean.
4. Estali eta egosi potentzia maximoan 2 ordu eta erdi inguruz, erdian sartutako hortz bat garbi atera arte. Estali eta utzi pastela lapikoan hozten.
5. Maneatzeko nahiko hotza dagoenean, askatu alboetatik eta altxa ezazu astiro-astiro espatula malgu batekin, edo alboak askatu eta potea pixka bat buelta eman eta eskuarekin kendu (papertxo edo argizarizko paper zati txiki bat erabili behar duzu).

jengibrea

OSAGAIAK

- 1 jengibre nahasketa (14-15 ontza inguru)
- 1/4 kopa arto-irina horia
- 1 koilarakada. gazia
- 1 1/2 kopa esne
-
- 1/2 Kopako mahaspasak

PRESTAKETA

1. Konbinatu gingerbread nahasketa arto-irina eta gatza ontzi batean; Nahasi esnea, irabiatuz arrautza hezetu arte.
2. Irabiatu zartagin elektrikoekin abiadura ertainean 2 minutuz; mahaspasak irabiatu.
3. Bota koipeztatu eta irinatutako 7 kopako molde batera. Estali plastikozko paperarekin eta gorbata.
4. Jarri trivet bat edo rack sukalde motelean. Paper apur bat zimurtuta erabiltzen dut eramaile gisa. Bota 1 1/2 edalontzi ur bero lapikora. Jarri betetako moldea alanbre-erretiluan edo paper-ontzian.
5. Estali eta labean 3 edo 4 orduz edo ogia ezarri arte.
6. Kendu crockpotetik eta utzi hozten alanbrezko parrilla batean 5 minutuz.
7. Askatu astiro-astiro ertzak labana batekin eta desmoldeatu alanbre-euskarri batean apur bat hozteko.
8. Zerbitzatu epela gurina edo krema gazta zabalduarekin.

Etxeko ogi esnea

OSAGAIAK

- 2 arrautza, arin irabiatuta
- 2 1/4 edalontzi esne osoa
- 1 koilaratxo bainila
- 1/2 eta 1 koilaratxo kanela
- 1/4 koilaratxo gatz
- 2 edalontzi 1 hazbeteko ogi kubo
- 1/2 Kopako azukre marroia
- 1/2 Kopako mahaspasa edo datila txikituta

PRESTAKETA

1. Ontzi ertain batean, nahastu arrautzak esnea, bainila, kanela, gatza, ogia, azukrea eta mahaspasekin edo datarekin. Isuri sukalde motelean sartuko den 1 1/2 litroko labe edo soufflé zartagin batean. Jarri metalezko trivet bat (edo eraztun-formako aluminiozko papera platera lapikoaren hondotik urrun mantentzeko) edo jarri ontziaren hondoan. Gehitu 1/2 edalontzi ur beroa lapikora. Jarri zartagina trivet edo aluminiozko eraztunaren gainean. Estali eta egosi potentzia maximoan 2 ordu inguruz, gogortu arte.
2. Zerbitzatu ogi-esnea epel edo hotz, zuk aukeratutako saltsarekin edo arruntarekin.
3. 4-6 anoetarako.

Sagar karamelizatu beroak

OSAGAIAK

- 4 sagar garratz handi, barrenak

- 1/2 Kopako sagar zukua

- 1/2 Kopako azukre marroia, ontziratua

- 12 kanela gozoki bero

- 4 koilarakada gurina

- 8 gozoki

- 1/4 koilarakada beheko kanela

PRESTAKETA

1. Zuritu sagar bakoitzaren goialdetik 3/4 hazbete inguru; eltze batean jarria. Bota sagar zukua sagarraren gainean. Bete sagar bakoitzaren erdialdea 2 koilarakada azukre marroi, 3 kanela gozoki, koilarakada 1 gurina eta 2 gozokirekin. Kanela pixka batekin hautseztatu. Estali eta su baxuan egosi 4-6 orduz edo sagarrak bigundu arte. Zerbitzatu beroa dagoen bezala edo esnegainarekin edo esnegainarekin.
2. Labean egindako 4 sagarrentzat.

Fruta Konpota Epela

OSAGAIAK

- 1 mertxika lata, xukatuta

- 1 udare lata, xukatu

- 1 pote anana txikitua, xukatu

- 1 Kopako azukre marroia

- 1 koilarakada. kanela

- 1/2 gurina edo margarina zati (4oz)

- 1 pote gerezi pastel betegarria

PRESTAKETA

1. Fruta guztiak zati txikitan moztu. Gehitu gainerako osagaiak. Nahastu dena. Estali eta egosi abiadura baxuan 3 eta 6 orduz. Erabili gosaltzeko edo bazkarirako bigarren plater gisa, edo postrerako osagarri gisa.

Fruta-postre epela

OSAGAIAK

- 3 pomelo, zuritu eta zatitan
- 1 lata (11 ontza) mandarina-segmentu, xukatuta
- 1 lata (16 oz) fruta koktel, ondo xukatuta
- 1 lata (20 oz) xerratan anana, ondo xukatuta
- 1 lata (16 oz) xerratan melokotoi, ondo xukatuta
- 3 banana, xerratan, aukeran
- 1 koilarakada limoi zuku
- 1 lata (21 ontza) gerezi tarta betegarria

PRESTAKETA

1. Konbinatu osagai guztiak sukalde motelean eta bota astiro-astiro konbinatzeko. Estali eta su baxuan egosi 3-5 orduz.
2. 2 litro fruta inguru ekoizten ditu. Zerbitzatu esnegainarekin edo esnegainarekin.

Fruta pikante pikantea

OSAGAIAK

- Lata handi 1 (28-29 ontza) melokotoi xerra, xukatu (28-29 ontza)
- 1 anana zati lata zuku natural eta xukatu gabekoekin (8 eta 16 ontza)
- Lata handi 1 (28-29 ontza) udare-xerra, xukatu (28-29 ontza)
- 1 lata (15 oz.) fruta nahasi txikitua
- maraschino gereziak, xukatuak, 1/2 kopa edo dastatzeko
- koilarakada 1 arto-almidoia
- 1 1/2 koilaratxo kanela ehoa
- koilaratxo 1 intxaur muskatua
- 1/2 Kopako azukre marroia
- 4 koilarakada gurina

PRESTAKETA

1. Konbinatu osagai guztiak sukalde motelean; nahastu astiro-astiro.
2. Estali eta egosi BAXU 4-6 orduz edo ALTUAN 2 edo 3 orduz. Zerbitzatu krema batekin edo krema garratz pixka batekin, nahi izanez gero.
3. 8 balio du.

Indian budina

OSAGAIAK

- 3 kopa esne

- 1/2 kopa arto-irina

- 1/2 koilaratxo gatz

- 3 arrautza

- 1/4 Kopako azukre marroi argia

- 1/3 kopa melaza

- 2 koilarakada gurina

- 1/2 koilarakada beheko kanela

- 1/4 koilaratxo beheko pipera

- 1/2 koilarakada beheko jengibrea

- 2/3 Kopako dattilak edo mahaspasa txikituak

PRESTAKETA

1. Sueztitu koipeztatu crockpot. Aurrez berotu potentzia maximoan 20 minutuz. Bitartean, jarri esnea, arto-irina eta gatza irakiten. Egosi, etengabe nahastuz, 5 minutuz. Estali eta egosi beste 10 minutuz. Ontzi handi batean, konbinatu arrautzak, azukre marroia, melaza, gurina eta espeziak. Irabiatu pixkanaka arto-irina nahasketa epela; irabiatu leun arte. Gehitu mahaspasak edo datilak fin-fin txikituta. Bota lapikora eta egosi 2-3 orduz edo baxuan 6-8 orduz.

Buruz behera tarta limoi eta mitxoleta haziekin

OSAGAIAK

- 1 pakete. Nahastu limoi eta mitxoleta ogia
- 1 arrautza
- 8 ontza krema garratza argia
- 1/2 edalontzi ur
- .
- Saltsa:
- koilarakada 1 gurina
- 3/4 edalontzi ur
- 1/2 kopa azukre
- limoi baten zukua (1/4 kopa inguru)

PRESTAKETA

1. Nahastu lehen 4 osagaiak ondo hezetu arte. Zabaldu arrautza sueztitu koipeztaturiko 3 1/2 litroko sukalde motelean / crockpot batean. Konbinatu saltsaren osagaiak kazola txiki batean; irakiten jarri. Bota irakiten dagoen nahasketa orea gainean; estali eta egosi potentzia maximoan 2 eta 2 ordu eta erdiz. Ertzak urrezko marroi argiak izango dira. Sua itzali eta zartaginean tapa irekita utzi 30 bat minutuz. Kudeatzeko nahikoa hozten denean, eduki plater handi bat lapikoaren gainean eta alderantzikatu.

Limoi gazta gozoa

OSAGAIAK

•

Lurrazala:

- 1 Kopako bainila oblea apurrak
- 1/2 koilaratxo limoi azala
- koilarakada 1 azukre
- 3 koilarakada gurin urtua

betetzea:

- 16 ontza krema gazta, bigundua
- 2/3 kopa azukre granulatua
- 2 arrautza handi
- koilarakada 1 irin edo arto-irina
- koilaratxo 1 limoi fresko azala
- 2 koilarakada limoi fresko zuku

PRESTAKETA

1. Konbinatu lurrazalaren osagaiak. Pat 7 hazbeteko zartagin batean.
2. Irabiatu krema gazta eta azukrea nahasketa leuna eta krematsua izan arte; irabiatu arrautzak eta jarraitu eskuko nahastaile elektrikoaren abiadura ertainean irabiatzen 3 minutuz.
3. Konbinatu gainerako osagaiak eta jarraitu irabiatzen minutu 1 inguruz.
4. Bota orea prestatutako azalean.
5. Jarri gazta tarta alanbre-euskarri batean Crock Pot-ean (zimurtutako papera parrilla bat osatzeko erabil daiteke).
6. Estali eta egosi potentzia maximoan 2 1/2-3 orduz.
7. Utzi amaitutako gazta tarta estalitako potean ordubete edo 2 inguru itzali ondoren, maneiatzeko nahikoa hoztu arte.
8. Utzi guztiz hozten zartaginaren alboak kendu aurretik. Zerbitzatu baino lehen hoztu eta hozkailu hozkailuko hondarrak.

Labean sagarrak kakahuete laranjarekin

OSAGAIAK

- Sukaldatzeko 6 sagar
- 1/2 kopa mahaspasa
- 3 koilarakada erabilera guztietarako irina
- 1/3 Kopako azukre granulatua
- 1/2 koilaratxo kanela ehoa
- 1/8 koilaratxo gatz
- koilaratxo 1 laranja azal fin-fin birrindua
- 2 koilarakada kakahuete-gurin
- 2 koilarakada gurina
- 1/4 Kopako kakahuete erre txikituta
- 2/3 edalontzi ur
- 2/3 kopa laranja zukua
- krema (aukerakoa)

PRESTAKETA

1. Garbitu sagarrak eta muina. Zuritu sagarrak zurtoinaren amaieratik beherako heren bat inguru. Hutsatutako erdigunea mahaspasekin bete; jarri sagarrak potoan, behar izanez gero pilatuz. Nahastu irina, azukrea, kanela, gatza, laranja azala, kakahuete gurina eta gurina xehatu arte. Gehitu kakahueteak eta hautseztatu sagarrak. Nahastu ura eta laranja zukua; sagarraren inguruan bota. Estali lapikoa eta su motelean egosi 7 eta 9 orduz, sagarrak bigundu arte.
2. Zerbitzatu epel, txukun edo kremarekin.
3. 6 anotarako

Maggieren labean sagarrak

OSAGAIAK

- 7 edo 8 sagar ertain, barrenak

- Klementina laranja atalak

- mahaspasak

- kanela

PRESTAKETA

1. Sagarrak laranja zatiekin, mahaspasekin eta kanelaz bete; pila itzazu Crock Pot-en eta gehitu 1/4 edalontzi ur. Estali eta egosi sutan egun osoan, 7 eta 9 ordu inguru.
2. Maggie ohartu da sagarrak pixka bat txikitu direla, baina oso ondo eutsi diote.

Menta-gurin ostia

OSAGAIAK

- 2 koilarakada gurina

- 1/4 C. esnea

- 1 pakete. izotz nahasketa zuria (lehorra)

-

3 tanta piper-zapore

PRESTAKETA

1. Urtu gurina eta esnea elkarrekin estalitako eltze motelean ALTUAN. Gehitu frosting nahasketa eta egosi beste 1 edo 2 minutuz. Gehitu zaporea. Biratu gutxieneko eta koilara paper argiztatu gainean.
2. 5 dozena egiten ditu.

Kakahuete-gurina eta txokolate gazta tarta

OSAGAIAK

-

Lurrazala:

- 1 kopa txokolate edo graham cracker apurrak
- 2 koilarakada azukre marroi
- 3 koilarakada gurin urtua

-

betetzea:

- 12 ontza krema gazta, giro-tenperatura
- 2/3 kopa azukre marroia
- 2 arrautza handi
- 1/3 Kopako kakahuete-gurin kremastua
- koilarakada 1 erabilera guztietarako irina
- 1/2 koilaratxo bainila
- 1/2 Kopako txokolate txip, urtu (erdi gozoa edo esne txokolatea)

PRESTAKETA

1. Konbinatu apurrak 2 koilarakada azukre marroiarekin; nahastu gurina urtua ondo hezetu arte. Pat 7 hazbeteko zartagin batean.
2. Ontzi ertain batean, nahastaile elektrikoa erabiliz, konbinatu krema gazta eta 2/3 Kopako azukre marroia. Gehitu arrautzak eta irabiatu abiadura ertainean 2 minutuz. Gehitu kakahuete-gurina, irina eta bainila; irabiatu 2 minutu inguru gehiago.

3. Isuri 1/2 kopa inguru, prestaturiko zartaginera.
4. Konbinatu txokolate txip urtuak geratzen den arrautzarekin eta bota orea zartaginera.
5. Kontu handiz moztu txokolate-orea labana batekin zurrunbiloa sortzeko, lurrazala nahastu gabe.
6. Jarri alanbre-euskarri edo aluminiozko eraztun batean (zartagina zartaginaren hondotik urrun egoteko) sukaldean.
7. Estali eta egosi potentzia maximoan 2 1/2 orduz. Itzali sua eta utzi 1 1/2 edo 2 ordu inguruz, kentzeko nahikoa hoztu arte.
8. Utzi guztiz hozten zartaginetik atera aurretik.
9. Hoztu zerbitzatu aurretik eta gorde hondarrak hozkailuan.

Labea: Labean 325 °F-tan 45 minutu edo ordu 1 inguru, ondoren, itzali labea eta utzi labean hozten 4 orduz.

Gazta tarta txokolateak

OSAGAIAK

Lurrazala:

- 1 edalontzi graham cracker apurrak
- 1/4 kopa pakanak txikituta
- 2 koilarakada azukre marroi
- 3 koilarakada gurin urtua

betetzea:

- 16 ontza krema gazta, giro-tenperatura
- 3/4 kopa azukre marroia
- 2 arrautza handi
- 1/4 kopa esnegaina
- 1 koilaratxo bainila extract
- 1 koilarakada irin

PRESTAKETA

1. Konbinatu apurrak eta intxaurrak azukre marroiarekin; nahastu gurina urtua ondo hezetu arte. Pat 7 hazbeteko zartagin batean.
2. Irabiatu krema gazta eta azukrea leun arte. Gehitu arrautzak, esnegaina, bainila eta irina; irabiatu eskuko nahastaile elektriko baten abiadura ertainean 3 eta 4 minutuz. Bota prestatutako lurrazala eta jarri alanbre-

euskarri edo aluminiozko eraztun batean (lapikoaren hondotik urrun egoteko) 5 eta 6 litroko lapiko batean (formako zartagina egokitzeko nahikoa).
3. Estali eta egosi potentzia maximoan 2 1/2-3 orduz. Itzali eta utzi 1 edo 2 orduz, kentzeko nahikoa hoztu arte.
4. Utzi guztiz hozten eta kendu zartaginaren aldeak.
5. Nahi izanez gero, pakanen erdiekin apaindu.
6. Hoztu zerbitzatu aurretik eta gorde hondarrak hozkailuan.

Labea: Labean 325 °F-tan 45 minututik ordubetez, ondoren labea itzali eta utzi labean hozten 4 orduz.

esnea tarta

OSAGAIAK

- 1 edalontzi irin
- 1/2 kopa azukre
- 1/2 Kopako pakanak txikituta
- 1/4 Kopako kakao gozorik gabe
- 2 koilarakada gozogintza hauts
- 1/2 koilaratxo gatz
- 1/2 kopa esne
- 1/4 kopa olioa
- 1 koilaratxo bainila extract
- 1 edalontzi ur irakinetan
- 1/2 Kopako txokolate almibarretan
- esnegaina edo izozkia

PRESTAKETA

1. Ontzi batean, konbinatu lehen 6 osagaiak; gehitu esnea, olioa eta bainila. Bota arrautza koipeztaturiko 6 kopako ontzi batean edo antzeko ontzi batean (ziurtatu zure ontzian sartzen dela). Nahastu ura irakiten txokolate almibarretan; bota arrautza gainean. Jarri edalontzi txiki bat, aluminiozko eraztun edo banda kontserba-ontzi batetik sukaldearen behealdean; gehitu 2 edalontzi ur beroa crockpot-era. Jarri moldea pote batean eta estali paper xurgatzaileko 4 geruzaz.
2. Estali kazola eta egosi potentzia maximoan 3-4 orduz.
3. Zerbitzatu epela krema edo izozkiarekin.

Pumpkin New York

OSAGAIAK

- 1 kalabaza pure lata (15 ontza)
- 1 koilarakada eskas kalabaza tarta espezia
- 2 koilarakada bainila
- 1 esne lurrundu lata (12 ontza)
- 3/4 kopa azukre
- 1/2 Kopako cookie nahasketa
- 2 koilarakada gurina
- 2 arrautza

PRESTAKETA

1. Ihinztatu sukalde motela itsaski ez den sprayarekin edo arinki koipeztatu barrualdea.
2. Konbinatu osagai guztiak ontzi batean. Esku nahastaile elektrikoa abiadura ertainean erabiliz, irabiatu osagaiak leun arte.
3. Bota nahasketa prestatutako crockpot-era.
4. Estali eta egosi 6-8 ordu baxuan edo 3-4 ordu altuan egosi.
5. Bota edalontzietan eta apaindu krema harrotua edo pixka bat pikatutako esnegainarekin.
6. 6 balio du.

Kalabaza-ogia

OSAGAIAK

- 1/2 Kopako landare-olioa
- 1/2 Kopako azukre granulatua
- 1/2 Kopako azukre marroi argia edo iluna, ondo bilduta
- 2 arrautza handi, irabiatuta
- Kopako 1 kalabaza purea kontserba
- 1 1/2 edalontzi bahetutako irina
- 1/2 koilaratxo gatz
- 1/2 koilaratxo kanela
- 1/2 koilaratxo intxaur muskatua
- koilaratxo 1 bicarbonatoa
- 1 Kopako pakanak edo intxaur txikituta

PRESTAKETA

1. Pitxerrean, nahastu olioa azukre granulatuarekin eta kanabera azukrearekin; ondo nahastu. Gehitu irabiatutako arrautzak eta kalabaza purea. Bahetu osagai lehorrak; bota kalabaza-nahasketarekin, gero intxaurrak txikituta. Bota orea 1 lb koipeztatu eta irinatuta. 10 oz. kafe-lata (ziurtatu estalkia jarrita zure crockpot-ean sartzen dela) edo erabili orea edukiko duen eta zure crockpotean sartuko den zartagin bat. Jarri lata potoan.
2. Estali lataren goiko aldea 8 paperezko eskuoihalekin; jarri estalkia crockpot gainean. Egosi ALTUAN 2 1/2 - 3 1/2 orduz. Ez altxa tapa pastela gutxienez 2 orduz egosi arte.

Al Rabar

OSAGAIAK

- 2 edalontzi txikitu berri den erroibarboa
- 3/4 kopa azukre granulatua
- 1 kanela makila
- koilaratxo 1 limoi-azala birrindua
- 1/4 Kopako gurina
- 1/3 kopa irina
- 1/3 Kopako azukre

PRESTAKETA

1. Konbinatu rhubarb 3/4 Kopako azukrea, kanela eta limoi-azala sukaldean. Estali eta egosi 3 edo 4 orduz BAXU. Kanela kendu. Jarri ruibarboa kazola batean. Nahastu gainerako osagaiak xehatu arte eta hautseztatu ruibarboaren gainean. Labean 400 gradutan 20-25 minutuz, estaldura urre kolorekoa izan arte. Zerbitzatu esnegainarekin edo izozkiarekin.
2. 4tik 6ra balio du.

Intxaur Azala Brownie aberatsa

OSAGAIAK

- 1/4 Kopako gurina urtua

- Kopako 1 pakanak txikituta

- 1 brownie nahasketa pakete familia osoarentzat (20 eta 23 ontza), prestatzeko osagaiekin batera

PRESTAKETA

1. Bota gurina urtua 2 kiloko kafe-lata batean; astindu behea eta alboak ondo estaltzeko. Bota txikitutako pakanen erdia. Nahastu brownieak paketearen jarraibideen arabera eta gehitu gainerako pakanak txikituta. Bota nahasketa kafe-latera. Jarri lata sukalde motelean. Estali lataren goiko aldea 8 paperezko eskuoihalekin. Estali eta egosi ALTUAN 3 orduz. Egiaztatu edo ez kendu estalkia 45-60 minutuz. Kendu lata; paperezko eskuoihalak bota.
2. Utzi 5 minutuz atseden. Itzuli eta beroa zerbitzatu nahi izanez gero.

Gazta tarta Ricotta Amaretto

OSAGAIAK

- Zuritu:
- Kopako 1 bainila ostia apurrak (21-23 cookie inguru)
- koilarakada 1 azukre
- 1/8 koilaratxo almendra extract
- 3 koilarakada gurin urtua

-

betetzea:

- 15 ontza rikotta arina
- 8 ontzako krema gazta, bigundua
- 2/3 kopa azukre
- 3 arrautza handi gehi gorringo bat
- 1/4 kopa Amaretto Ama likore
- 2 koilarakada erabilera guztietarako irina
- 1/4 koilaratxo almendra extract

-

1/2 koilaratxo bainila extract

PRESTAKETA

1. Konbinatu lurrazalaren osagaiak ondo; pat 7 hazbeteko zartagin batean.
2. Irabiatu azukrea gaztan; gehitu arrautzak; irabiatu eskuko nahastaile elektriko baten abiadura ertainean 2 edo 3

minutuz. Gehitu betetzeko gainerako osagaiak eta irabiatu beste 2 minutuz. Prestatutako lurrazalera bota.
3. Jarri gazta tarta Crock-Pot-eko alanbre-euskarri batean (edo erabili aluminiozko paper zimurtu "eraztun bat" lapikoaren hondotik urruntzeko). Estali eta egosi gazta tarta su bizian 2 1/2 edo 3 orduz.
4. Utzi lapiko estalian 1 edo 2 ordu inguru (itzalduta egon ondoren), maneiatzeko nahikoa hozten den arte.
5. Utzi guztiz hozten zartaginaren alboak kendu aurretik.
6. Hoztu zerbitzatu aurretik; gorde hondarrak hozkailuan.

Labea: Labean 325 °F-tan 45 minututik ordubetez, ondoren labea itzali eta utzi labean hozten 4 orduz.

Erraza motela egosten sagar postrea

OSAGAIAK

- 4 sagar handi, zuritu, zurtoin, laurdenetan
- 1/2 Kopako azukre marroi argia
- 2 edalontzi sagar sagardo
- 2 edalontzi ur
- 2 kanela makila edo koilaratxo 1 inguru kanela ehoa
- 3 koilarakada gurina, zati txikitan moztuta
- koilarakada 1 arto-almidoia ur hotz koilarakada batekin nahastuta
-
1 koilaratxo bainila extract

PRESTAKETA

1. Jarri sagarrak sukalde motelean.
2. Ontzi batean, konbinatu azukre marroia, sagardoa, ura, kanela makilak edo kanela eta gurina. Sagarrari bota.
3. Estali eta egosi 2 edo 2 ordu eta erdiz, edo sagarrak bigundu arte, egosten 2 edo 3 aldiz nahastuz.
4. Bota zukuak kazola batera eta jarri irakiten sutan. Egosi, noizean behin irabiatuz, 8-10 minutuz. Jaitsi sua irakiten den arte.
5. Gehitu arto-almidoia eta ur hotza eta ondo nahastu. Irabiatu irakiten duzun zukuak. Jarraitu egosten, etengabe nahastuz, loditu arte. Gehitu bainila.
6. Hornitu sagarrak sagardo saltsarekin.
7. 4 balio du.

Sukalde motela gosaltzeko zapatila

OSAGAIAK

- 4 sagar ertain, zurituta, zurtoina eta xerratan moztuta
- 1/4 kopa ezti
- koilaratxo 1 kanela hautsa
- 2 koilarakada gurin urtua
- 2 edalontzi muesli, zure gogokoenak

PRESTAKETA

1. Jarri sagarrak gurinazko sukalde motelean; Gainerako osagaiak nahastu eta sagarrak hautseztatu. Estali eta egosi BAXU 7-9 ordu edo ALTUAN 3-4 ordutan. Zerbitzatu esnegainarekin edo izozkiarekin
2. 4 balio du.

Fruta konpota kanela labean

OSAGAIAK

- 1 lata (15 ontza inguru) xerratan melokotoi
- Lata 1 (15 ontza inguru) gerezi gorri ilun
- 1 lata (15 ontza inguru) udare xerratan
- 1 lata (15 ontza inguru) abrikot-erdiak
- 4 koilarakada azukre marroi argia, ontziratuta
- 4 koilarakada izoztutako laranja-zuku kontzentratua edo laranja-zuku arrunta
- 1/2 koilaratxo kanela

PRESTAKETA

1. Fruituak ondo xukatu. Jarri fruta sukalde motelean azukre marroia, laranja zuku kontzentratua eta kanela. Astiro-astiro irabiatu, estali eta egosi 3-5 orduz BAXU.
2. 6 eta 8 balio du.

Sukalde motela laranja kanela ogi esnea

OSAGAIAK

- 6 ogi xerra, 6 ontzako inguru, zati txikitan moztuta
- 1/2 Kopako urrezko mahaspasa edo ilun
- 1 lata (12 ontza) esne lurrundua
- 4 arrautza handi
- 2 koilarakada gurin urtua
- 6 ontza laranja zuku kontzentratua
- 4 arrautza handi
- 1 kopa azukre
- 1/2 koilaratxo kanela ehoa
-

1 koilarakada bainila extract

PRESTAKETA

1. Gurina eskuzabala 1 1/2 litroko soufflé platera edo 7 kopa zuzeneko Pyrex beirazko ontzi edo kazola.
2. Jarri ogia eta mahaspasak ontzi handi batean. Alde batera utzi.
3. Beste ontzi batean, irabiatu esnea eta arrautzak gurina urtuarekin, laranja zuku kontzentratua, azukrea, kanela eta bainila; bota ogi nahasketa gainean eta ondo nahastu.
4. Bota prestatutako ontzi/ontzira.
5. Urratu 16 hazbeteko paperezko zati bat eta tolestu bi aldiz luzera, amaitutako budina altxatzeko.
6. Jarri papera sukalde motelean, muturrak kanpoan utziz. Bota 1 edalontzi inguru ur oso bero lapikora. Jarri ogi-esnea

plateretan, antolatu aluminiozko "kirtenak" eta estali zartagina.
7. Egosi ALTUAN 2 1/2 orduz. Potontziak erabiliz, erabili "heldulekuak" lapikoa astiro-astiro altxatzeko lapikotik kanpo, lapikoaren kanpoaldea har dezazun. Jarri alanbre baten gainean apur bat hozteko.
8. Zerbitzatu beroa bainila saltsarekin edo laranja saltsarekin.

Sukalde moteleko arroz-esnea baia nahastuta

OSAGAIAK

- 1 pakete (6 ontza) cranberries lehorrak
- 1 pakete (4 ontza) ahabi lehorrak
- 1 lata (12 ontza) esne lurrundua
- 1 1/2 edalontzi ur
- 8 ontza izoztutako laranja zuku kontzentratua
- 3/4 kopa azukre
- 1 Kopako krema likidoa
- Gatz pixka bat
- 1/4 koilaratxo kanela ehoa
- 1 Kopako ale labur Arborio arroz

PRESTAKETA

1. Ihinzta ezazu plateraren barrualdea itsaski gabeko sukaldeko sprayarekin.
2. Konbinatu osagai guztiak eta bota sukalde motelean.
3. Estali eta egosi 4 eta 5 orduz BAXU edo 2 ordu eta 2 1/2 bitartean, edo arroza samurra egon arte eta nahasketa loditu arte.
4. Nahastu nahasketa egosketaren erdian eta amaitu baino lehen.
5. 6 anoa

Koilarakada mertxikak

OSAGAIAK

- 1/4 Kopako azukre granulatua

- 1/2 Kopako azukre marroia

- 3/4 Kopako cookie nahasketa

- 2 arrautza, irabiatuta

- 2 koilarakada bainila

- 2 koilarakada gurin urtu

- 2/3 Kopako esne lurrundua

- 2 edalontzi melokotoi xerra, purea

- 1 koilaratxo txiki kanela

PRESTAKETA

1. Ihinztatu sukalde motela itsaski gabeko egosketa sprayarekin. Konbinatu azukrea eta cookie nahasketa. Gehitu arrautzak eta bainila. gehitu gurina urtua eta esnea. Gehitu mertxikak eta kanela. Bota Slow Cooker/Crock Pot-era eta egosi 6-8 orduz.

Kalabaza-esnea lurrunetan eta datilak

OSAGAIAK

- 1 Kopako azukre marroia

- 1/2 Kopako laburpena

- 2 arrautza, bereizita

- 1 3/4 edalontzi erabilera guztietarako irina

- 1 koilaratxo gatz

- 1 koilaratxo gozogintza hautsa

- 1 koilaratxo gozogintza hautsa

- 1 koilarakada ehoa kanela

- 1 koilaratxo intxaur muskatua

- 1 koilarakada ehoa jengibrea

- 1 16 ontzako kalabaza pote edo 1 1/2 edalontzi kalabaza egosi berria eta purea

- 1/4 kopa esne lurrundua

- Kopako 1 dattil txikituta

- 1/2 Kopako pakanak txikituta

PRESTAKETA

1. Azukre marroia krema eta laburpena. Gehitu arrautza gorringoak, ondo irabiatuz. Nahastu irina, gatza, gurina, gozogintza hautsa, gozogintza hautsa, kanela, intxaur muskatua eta jengibrea eta txandaka irabiatu kalabaza eta esnearekin. Gehitu datak eta intxaurrak. Irabiatu zuringoak gailur zurrunak izan arte eta astiro-astiro sartu orean. Jarri nahasketa 6 kopako molde batean edo ondo olioztatuta edo gurinaz egindako soufflé batean. Jarri trivet txiki bat crockpot batean soufflé platera eusteko eta gehitu 1/2 eta 3/4 hazbete inguru ur crockpot-era.
2. Edontzirik ez baduzu, egin paperezko eraztun bat nahikoa lodi bat souffléa uretatik kanpo mantentzeko. Moztu argizarizko paper borobil bat soufflé-erretiluaren goiko aldean egokitzeko eta arinki koipeztatu arrautza ez dadin itsatsi igotzen ari den bitartean, eta gero ondo bildu aluminio paperean. Jarri Crock Pot-ean eta egosi 4 eta 5 orduz BAXU.

Fruta Egosita

OSAGAIAK

- 16 ontza aranak, zurbilak
- 8 ontza abrikot lehorrak
- 8 ontza udare lehorrak
- 3 edalontzi ur
- 1/2 kopa azukre
- 1/2 bainila leka edo 1/2 koilaratxo bainila
- koilaratxo 1 limoi-azala fin-fin birrindua
- 2 koilarakada limoi fresko zuku

PRESTAKETA

1. Konbinatu osagai guztiak crockpot batean eta egosi su baxuan fruta samurra egon arte, 6 eta 8 orduz.
2. Zerbitzatu epela edo giro-tenperaturan.
3. Etekina: 6 eta 8 anoa.

Marrubi-rubarbo zapatila

OSAGAIAK

- 2 1/2 edalontzi txikitutako ruibarboa

- 1 1/2 Kopako marrubi xerratan

- 3/4 Kopako azukrea

- 1/2 edalontzi ur

- 2 koilarakada limoi zuku

- 2 koilarakada arto-almidoia ur hotzarekin nahastuta pasta leun bat lortzeko nahikoa

- 1 c. + 1 koilarakada. irina (edo erabili auto-hazitako irina eta kendu legamia)

- 3 koilarakada. azukrea

- 1 1/2 koilarakada. gozogintza hautsa

- 1/4 koilarakada. gazia

- 1/4 kopa gurin hotza

- 1/2 Kopako esne edo erdi eta erdi

PRESTAKETA

1. Konbinatu fruta, azukrea, ura eta limoi-zukua sukalde motelean/Crock Potean, estali eta egosi su motelean 4-5 orduz. Nahastu arto-almidoia ur hotz pixka batekin eta

gehitu nahasketari. Agertu. Nahastu osagai lehorrak. Ebaki gurina nahasketa pikor bat lortu arte; irabiatu besterik hezetutako esnea. Bota kantitate txikiak fruta nahastearen gainean.
2. Estali eta egosi potentzia maximoan ordu 1 inguru.

Streusel kilo tarta

OSAGAIAK

- 1 libra pastel nahasketa, 16 oz
- 1/4 Kopako azukre marroi argia, ondo ontziratua
- koilarakada 1 erabilera guztietarako irina
- 1/4 kopa pakanak txikituta
- koilaratxo 1 kanela hautsa
- 2 koilarakada gurin

PRESTAKETA

1. Nahastu pastel nahasketa paketearen jarraibideen arabera. Bota arrautza ondo koipeztatu eta irinatutako 2 kiloko kafe-zartagin batean (ziurtatu estalkia duen crockpot-ean sartzen dela) edo orea eduki eta krockpotean sartuko den zartagin batean. Konbinatu azukrea, irina, fruitu lehorrak, kanela eta gurina; hautseztatu pastelaren arrautza gainean. Jarri lata sukalde motelean. Estali lataren goiko aldea 8 paper xurgatzailez. Estali sukalde motela eta egosi 3-4 orduz.

Txokolate esnea hirukoitza

OSAGAIAK

- 1 pakete txokolate pastel nahasketa (2 geruzako formatua)
- 2 edalontzi krema garratza
- 1 pakete berehalako txokolate esnea (edozein tamaina)
- Kopako 1 txokolate txip erdi-gozoa
- 3/4 kopa landare olioa •
-
4 arrautza handi

-
1 edalontzi ur

PRESTAKETA

1. Ihinztatu crockpot-a itsaski gabeko sukaldeko sprayarekin.
2. Nahastu osagai guztiak ontzi batean ondo nahasi arte; transferitu sukalde motelera.
3. Estali eta egosi BAXU 6-8 orduz. Ez altxa tapa.
4. Zerbitzatu izotzarekin.

Fruta pikante beroa

OSAGAIAK

- Lata handi 1 (28-29 ontza) melokotoi xerra, xukatu (28-29 ontza)
- 1 anana zati lata zuku natural eta xukatu gabekoekin (8 eta 16 ontza)
- Lata handi 1 (28-29 ontza) udare-xerra, xukatu (28-29 ontza)
- 1 lata (15 oz.) fruta nahasi txikitua
- maraschino gereziak, xukatuak, 1/2 kopa edo dastatzeko
- koilarakada 1 arto-almidoia
- 1 1/2 koilaratxo kanela ehoa
- koilaratxo 1 intxaur muskatua
- 1/2 Kopako azukre marroia
- 4 koilarakada gurina

PRESTAKETA

1. Konbinatu osagai guztiak sukalde motelean; nahastu astiro-astiro.
2. Estali eta egosi BAXU 4-6 orduz edo ALTUAN 2 edo 3 orduz. Zerbitzatu krema batekin edo krema garratz pixka batekin, nahi izanez gero.
3. 8 balio du.

kalabazin Ogia

OSAGAIAK

- 2 arrautza handi

- 2/3 Kopako landare-olioa

- 1 1/4 Kopako azukre

- 1 1/3 edalontzi kalabazin, zuritu eta birrindua

- 1 koilarakada bainila extract

- 2 edalontzi erabilera guztietarako irina

- 1/4 koilaratxo gatz

- 1/2 koilaratxo gozogintza hautsa

- 1 1/2 koilaratxo kanela ehoa

- 1/4 koilarakada beheko intxaur muskatua

- 1 Kopako pakanak edo intxaur txikituta

PRESTAKETA

1. Nahastaile elektrikoarekin ontzian, irabiatu arrautzak arin eta leun egon arte. Gehitu olioa, azukrea, kalabazin birrindua eta bainila. Ondo nahastu.
2. Konbinatu osagai lehorrak beste ontzi batean intxaurrekin; ondo nahastu nahasteko. Gehitu kalabazinaren nahasketari eta ondo nahastu.
3. Isuri gurin eta irinatutako 2 kiloko kafe-lata edo 2 litroko molde batera (erabili duzuna, ziurtatu zure sukalde motelean sartuko dela). Jarri sukalde motelean.
4. Estali lata edo platera 8 paperezko eskuoihalekin.
5. Estali eta egosi 3 edo 4 orduz ALTUAN.
6. Ez kendu tapa tarta egiaztatzeko 3 orduz egin arte. Utzi atseden 5 minutuz desmoldeatu aurretik.

Babarrunak Hegaluzearekin

OSAGAIAK

- 4 koilarakada oliba olio

- 1 baratxuri ale, birrindua

- Kilo 1 babarrun zuri txikiak, gau osoan bustiak, xukatuak
- 2 edalontzi tomate txikituta
- 2 lata hegaluze 6-1/2 ontza uretan, xukatuta eta malutatuta
- 2 adar albahaka, fin-fin txikituta edo 1 1/2 koilaratxo albahaka lehorra
- Gatza eta piperra dastatzeko \

PRESTAKETA

1. Baratxuria frijitu oliotan gorritu arte; baratxuriak baztertu. Konbinatu baratxuri zaporeko olioa babarrunekin eta 6 edalontzi ur (48 ontza) lapiko batean. Estali eta egosi potentzia maximoan 2 orduz. Sua murriztu, estali eta egosi 8 orduz. Gehitu gainerako osagaiak; estali eta egosi potentzia maximoan 30 minutuz.

Cheese 'n Pasta Delight (hegaluzea edo oilaskoa)

OSAGAIAK

- Kilo 1 oilasko-bularkiak edo oilasko-bularkiak, zatituta
- 1 lata (15 oz) tomate xehatuta
- 1 tomate pure lata txiki
- 1 apio zurtoin, xerratan
- 1/4 kopa tipula txikitua
- 1/2 Kopako azenario txikituta edo birrindua, kontserban edo egosi bigun arte
- 1/2 koilaratxo oregano
- 1/2 koilaratxo gatz
- 1/4 koilaratxo piper
- 1/2 koilaratxo baratxuri hautsa
- azukre edo beste edulkoratzaile pixka bat (aukerakoa edo dastatzeko)

PRESTAKETA

1. Konbinatu osagai guztiak sukalde motelean edo crockpot batean. Estali eta su baxuan egosi 6-8 orduz. Dastatu eta moldatu gainak zerbitzatu baino 30 minutu lehenago, behar izanez gero ur pixka bat gehituz. Hornitu oilasko saltsa errezeta erraz hau espageti, fettuccine edo beste pasta batzuen gainean.
2. 4 lagunentzako oilasko errezeta erraz hau.

Oilaskoa Eta Txistorra Gumbo Ganbekin

OSAGAIAK

- 3 koilarakada erabilera guztietarako irina
- 3 koilarakada olio
- 1/2 kilo txistorra ketua, 1/2 hazbeteko xerratan moztuta
- 3/4 eta 1 libra hezurrik gabeko oilasko izterrak, hozka-tamainako zatitan moztuta
- 1 1/2 edo 2 edalontzi izoztu txikitutako okra
- Kopako 1 tipula txikituta
- 1/2 Kopako piper berde txikitua
- 3 baratxuri ale, fin-fin txikituta
- 1/4 koilaratxo piper kaiena ehoa edo dastatzeko
- 1/4 koilaratxo piper beltz ehoa
- 1 lata (14,5 ontza) tomate zatituak, xukatu gabe
- Kopako 1 ganba ertain izoztua, garbitu eta egosi
- 1 1/2 edalontzi egosi gabeko arroz zuri arrunta
- 3 edalontzi oilasko salda edo ura (7/9 eguneratua)

PRESTAKETA

1. Kazola batean irina eta olioa konbinatu; ondo nahastu. Egosi, etengabe nahastuz, su ertainean 5 minutuz. Tenperatura ertain-baxura murriztu; egosi, etengabe nahastuz, 8-12 minutu inguru edo nahasketa marroi argi bihurtu arte.

2. Jarri irina eta olio nahasketa 3 1/2 eta 4 litroko sukalde motelean. Gehitu gainerako osagai guztiak ganbak, arroza eta salda edo ura izan ezik; ondo nahastu.
3. Estali eta egosi BAXU 7-9 orduz.
4. Gehitu ganba egosiak gumboari; ondo nahastu.
5. Estali eta egosi LOW beste 20 minutuz. Bitartean, egosi arroza salda edo uretan paketearen jarraibideen arabera.
6. Zerbitzatu gumbo arroz egosi beroaren gainean arto-ogiarekin edo gailetekin batera.
7. 6 eta 8 balio du.

Oilaskoa eta Ganbak

OSAGAIAK

- 2 kilo hezurrik gabeko oilasko izterrak eta bularra, zatitan moztuta
- 2 koilarakada oliba olio birjina estra
- Kopako 1 tipula txikituta
- 2 baratxuri ale, fin-fin txikituta
- 1/4 kopa perrexila, txikituta
- 1/2 baso ardo zuri
- 1 tomate saltsa lata handi
- koilaratxo 1 albahaka hosto lehorrak
- 1 kilo ganba gordinik, zurituta eta garbituta
- gatza eta piper beltza eho berria, dastatzeko
- Kilo bat fettuccine, linguine edo espageti

PRESTAKETA

1. Berotu oliba olioa zartagin handi batean edo itsatsi gabeko zartagin batean su ertain-altuan. Gehitu oilasko zatiak eta egosi, irabiatuz, pixka bat gorritu arte. Kendu oilaskoa sukalde moteletik.
2. Gehitu olio apur bat zartaginean eta frijitu tipula, baratxuria eta perrexila minutu 1 gutxi gorabehera. Kendu sutatik eta nahasi ardoa, tomate saltsa eta albahaka lehorra. Isuri nahasketa oilaskoaren gainean sukalde motelean.
3. Estali eta egosi BAXU 4 eta 5 orduz.
4. Irabiatu ganbak, estali eta egosi BAXU ordu gehiagoz.
5. Ondu gatza eta piper beltz xehatu berria.

6. Platera prest egon baino lehen, egosi pasta ur gazi irakinetan paketean adierazitako moduan.

Zitrikoak - Crockpot

OSAGAIAK

- 1 1/2 kilo arrain xerrak
- Gatza eta piperra dastatzeko
- 1/2 Kopako tipula txikitua
- 5 koilarakada perrexil freskoa txikituta
- koilarakada 1 landare-olio
- 2 koilarakada limoi-azala birrindua
- 2 koilarakada laranja azal birrindua
- Laranja eta limoi xerrak, apaintzeko
- perrexil adarrak, apaintzeko

PRESTAKETA

1. astiro egosi gurina; hautseztatu arrain xerrak gatza eta piperbeltza. Jarri arraina zartaginean. Jarri arrainaren gainean tipula, perrexila, laranja birrindua eta limoi-azala eta olioa. Estali eta egosi BAXUan ordu eta erdiz.
2. Zerbitzatu laranja eta limoi xerra eta perrexil fresko adaxka apainduta.

Crockpot Txirlak Chowder

OSAGAIAK

- 4 (6 1/2 oz.) lata txikitutako txirlak zukuarekin
- 1/2 kilo txerriki edo hirugiharra ondua, zatituta
- Kopako 1 tipula txikituta
- 6 eta 8 patata ertain, zuritu eta zatituta
- 3 edalontzi ur
- 3 1/2 koilarakada gatz
- 1/4 koilaratxo piper
- 4 edalontzi erdi esnegaina eta erdia edo esnea
- 3-4 koilarakada. arto-almidoia
- perrexil freskoa txikitua, apaintzeko

PRESTAKETA

1. Beharrezkoa izanez gero, moztu muskuiluak mokadu txikitan.
2. Zartagin batean, frijitu txerrikia edo hirugiharra eta tipula gorritu arte; hustuketa. Jarri eltze motelean muskuiluekin.
3. Gehitu beste osagai guztiak esnea, arto-almidoia eta perrexila izan ezik.
4. Estali eta egosi indar osoan 3-4 orduz edo barazkiak samurrak egon arte.
5. Sukaldatzeko azken orduan, konbinatu 1 kopa esne edo krema arto-almidoiarekin. Gehitu arto-almidoia nahasketa

eta gainerako esnea edo krema eta ondo nahastu; berotu bidez.
6. Bota bakoitza perrexil txikitu batekin eta zerbitzatu baguette cracker edo croutonekin.

Crockpot Jambalaya

OSAGAIAK

- Kilo bat edo oilasko bular samurrak, hezurrik gabeak, 1 hazbeteko kubotan moztuta
- 8-12 ontza txistorra ketua, xerratan,
- 1/2 Kopako tipula txikitua
- 1 piper berde, txikituta
- Lata handi 1 (28 ontza) tomate birrindua
- 1 kopa oilasko salda
- 1/2 baso ardo zuri lehorra
- 2 koilarakada oregano hosto lehorrak
- 2 koilarakada perrexil lehorra
- 2 koilarakada Cajun ongailu
- koilaratxo 1 piper kaiena
- 1 kilo ganbak, egosita
- 2 edalontzi egosi ale luzeko arroz

PRESTAKETA

1. Konbinatu oilaskoa, txistorra, piperbeltza eta tipula txikitua sukalde motelean. Gehitu tomateak, oilasko salda, ardoa, oreganoa, perrexila, Cajun ongailuak eta piperra; nahastu astiro-astiro.
2. Estali eta egosi BAXUan 6-8 orduz edo ALTUAN 3-4 orduz.
3. Jan baino 30-30 minutu inguru, gehitu ganba egosi eta arroz egosi beroa; ondo berotu.

4. 8 balio du.

Crockpot II txerri txuletak

OSAGAIAK

- 4 eta 6 txuleta

- 1 lata (10 3/4 ontza) perretxiko, apioa edo beste krema kondentsatua

-

1/2 kopa ketchup

PRESTAKETA

1. Zeramikazko txuleta geruza. nahastu zopa eta ketchup elkarrekin. Estali eta egosi BAXU 7-9 orduz.

Crockpot Txerri txuletak - Joan's

OSAGAIAK

- Hezurrik gabeko 8 txerri txuleta
- 6 tipula gozo handi, zurituta eta xerra lodietan moztuta
- 2 koilarakada gatz
- koilaratxo 1 piper
- 1 c. Oilasko salda
- 1/4tik 1/2ra. ardo zuri lehorra edo jerez
- 1/4 kopa tipulina freskoa edo perrexila freskoa txikitua

PRESTAKETA

1. Kendu gehiegizko gantz saihetsetatik. Erabili zartagin handi bat edo itsasten ez den zartagin bat tipula xerrak su ertainean frijitzeko, eraztunetan hautsi ez daitezen. Kendu tipula xerrak plater handi batera; alde batera utzi.
2. Murriztu beroa ertainean eta marroi txuleta bakoitza 2 minutu inguru alde bakoitzeko. Txuleta bakoitza irauli ondoren, hautseztatu gatz pixka batekin eta piper beltz eho berriaren dosi zabal batekin. Jarri txuletak plater handi batean.
3. Itzali beroa; gehitu salda eta ardoa zartaginera, zartagineko zukuak eta sobratutako zatiak gorrituta.
4. Antolatu tipula eta txuletak sukalde motelean, tipula xerrarekin hasi eta amaituz; gehitu salda.
5. Estali eta egosi BAXU 7-9 orduz.

6. Zerbitzatu aurretik tipulin txikitua edo perrexila hautseztatu.
7. 6 eta 8 balio du.

Crockpot Txerri Txuleta Eta Patatak

OSAGAIAK

- Hezurrik gabeko txerri txuletak, saiheskia edo txuleta 4 eta 6 (3/4 eta 1 hazbeteko) lodiera
- 1/4 kopa irina gatz eta piperrez ondua
- 2-3 koilarakada landare-olio
- 3 koilarakada jerez lehorra edo ardo zuria, aukeran
- Alfredo saltsa pote bat (16 oz)
- 3 patata handi labean, xerra finetan
- 1 1/2 edalontzi fresko edo izoztu txikitutako babarrunak
- Gatza eta piperra dastatzeko

PRESTAKETA

1. Saiheskia irina nahasketarekin garbitu. Berotu landare-olioa zartagin handi batean su ertainean. Gehitu tipula eta egosi bigundu arte. Gehitu txuletak; bi aldeetatik marroia. Kendu txuletak eta tipula plater batera; alde batera utzi. Zartagin bero bat sutan kenduta, gehitu jerezak eta askatu gorritutako zatiak espatularekin. Ardo gehienak azkar egosten dira.
2. Koipeztatu 3 1/2 quart edo handiagoa sukalde motelen alboak eta behea.
3. Patatak jarri, gatza eta piperbeltza sueztitu. Jarri lekak patateen gainean. Transferitu saiheskia eta tipula gorritutako sukalde motelera/crockpot-era eta bota zartagineko saltsa saihetsaren gainean. Isuri alfredo saltsa guztiaren gainean. Estali eta su baxuan egosi 7-8 orduz.

Dastatu eta egokitu espeziak. Txerri txuletaren errezeta 4 eta 6rako da.

Crockpot Txerri txuletak

OSAGAIAK

- 4 eta 6 txerri txuleta, hezurrekin edo gabe
- gatza kosher eta piper beltza eho berria, dastatzeko
- 2-3 koilarakada erabilera guztietarako irina
- 2 koilarakada oliba olio birjina estra
- Lata handi 1 (29 ontza) mertxika-erdiak edo xerra almibarretan
- 1 lata (8 ontza) tomate saltsa
- 1/4 sagardo ozpina
- 1/4 Kopako azukre marroi argia edo iluna, ontziratua
- 1/4 koilaratxo kanela ehoa
- 1/8 koilarakada xehatutako ale

PRESTAKETA

1. Jarri txuletak pergamino-paper edo pergamino-paper batean. Bi aldeak arin bota kosher gatz eta piper beltz eho berriarekin. Irina sueztitu.
2. Zartagin edo zartagin handi eta astun batean su ertain-altuan; gehitu oliba olioa.
3. Oliba olioa bero dagoenean, jarri txuletak zartaginean. Frijitu 3 minutu inguru alde bakoitzean, edo urreztatu arte. Transferitu txuletak sukalde moteleko ontzira.
4. Xukatu mertxika almibarretan ontzi batera eta utzi. Antolatu mertxikak txuletetan.

5. Ontzi ertain batean, nahastu 1/4 kopa mertxika almibarretan tomate saltsarekin, ozpina, azukre marroia, kanela eta ale. Irabiatu ondo nahasteko.
6. Bota saltsa nahasketa mertxikak eta txuletak sukalde motelean.
7. Estali eta egosi BAXU 4-6 orduz, edo txerrikia samurra eta nahi bezala egosi arte (ikus behean elikagaien segurtasun-oharra).

aldaerak

1. Erabili zure barbakoa saltsa gogokoena saltsa-nahasketan eta kendu tomate saltsa eta aleak. Barbakoa saltsarekin zapore ketsua lortzen duzu.
2. Txerri txuletak gorritu ondoren, gehitu tipula eta piper xerra kopa 1 inguru. Egosi tipula zeharrargitsua izan arte eta gehitu txuletei sukalde motelean mertxikekin batera.

Crockpot Pasta eta Espinaka Kazola

OSAGAIAK

- 1 (10 oz) arabera espinakak txikituta izoztuak

- 1 (8 oz) arabera twist twist pasta fideoak

- 1 libra behi giharrak

- 1/2 kilo txistorra italiarra

- 1 tipula, fin-fin txikituta

- 2 koilarakada. olioa-

- 2 (8 oz.) lata tomate saltsa

- 1 koilarakada. gazia

- 1 koilarakada. jatorrizkoa

- 1/2 c. Parmesano gazta
- 1 c. (4 ontza) Monterey Jack gazta birrindua

- 4 tipula berde, txikituta

PRESTAKETA

1. Desizoztu espinakak eta ondo estutu. Egosi fideoak ur gazi irakinetan bigundu arte. hustuketa. Frijitu haragia eta tipula oliotan birrindu arte; xukatu gehiegizko gantz. Gehitu tomate saltsa, gatza eta oreganoa. Estali eta egosi 30 minutuz; gehitu espinakak. Irauli crockpot-a behea eta alboak koipeztatu ondoren. Bota fideoen erdia koipeztaturiko ontzira. Bukatu haragi-nahasketaren erdia eta parmesanoaren erdia.
2. Gainean gainerako pasta, haragia eta parmesano gazta geruzak jarri. Jack gazta eta tipula berdearekin hautseztatu. Egosi potentzia maximoan ordubetez.
3. 8 balio du.

Crockpot txerri gisatua

OSAGAIAK

- 1 1/2 kilo hezurrik gabeko txerri solomoa, 1 hazbeteko zatitan moztuta
- 3 azenario ertain, 1 hazbeteko zatitan moztuta
- 1/2 Kopako tipula txikitua
- 4 edalontzi oilasko salda
- 1/2 hazbeteko patata xehatuta 1 1/2 edalontzi
- 1 1/2 edalontzi zuritutako kalabaza 1 hazbeteko kubotan moztuta
- 1/2 koilaratxo gatz
- 1/2 koilaratxo piper
- 3 koilarakada erabilera guztietarako irina
-

3 koilarakada gurina, bigundua

PRESTAKETA

1. Nahastu osagai guztiak irina eta margarina izan ezik 4 eta 6 litroko poto batean.
2. Estali eta egosi BAXU 8 orduz (edo 4 ordu altuan), edo txerrikia arrosa eta barazkiak samurrak izan arte.
3. Konbinatu irina eta margarina; nahastu leuna arte. Nahastu irina nahasketa, koilarakada 1 aldi berean, txerri nahasketarekin nahastu arte.
4. Estali eta su bizian egosi beste 30-45 minutuz, noizean behin irabiatuz, loditu arte.
5. 6 balio du.

Crockpot txerri birrindua

OSAGAIAK

- txerri sorbalda errea, 4 kg inguru
- 2 tipula ertain, xerra mehean
- 1 1/2 edalontzi ur
- 1 botila (16 ontza) barbakoa saltsa edo 2 edalontzi etxeko saltsa
-

1 Kopako tipula txikituta

PRESTAKETA

1. Jarri tipula xerra finaren erdia sukalde moteleko hondoan; gehitu txerria eta ura gainerako tipula xerrarekin batera. Estali eta egosi BAXUan 8-10 orduz edo ALTUAN 4-5 orduz. Xukatu likidoa sukalde moteletik; Moztu lodi haragia eta kendu gehiegizko koipea. Itzul ezazu txerrikia sukalde motelera. Gehitu barbakoa saltsa eta tipula txikitua. Estali eta egosi LOW beste 4-6 orduz. Mugitu noizean behin.
2. Zerbitzatu ogitarteko epelekin eta koleslawarekin.
3. 8 eta 10 balio du.

www.ingramcontent.com/pod-product-compliance
Lightning Source LLC
Chambersburg PA
CBHW070413120526
44590CB00014B/1377